一滴水弹起另一滴水
一棵树摇动另一棵树
一盏灯点亮另一盏灯
一种思想启迪另一种思想

CONFUCIUS

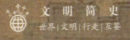
文明简史

世界 | 文明 | 行走 | 互鉴

孔子西游记

中国智慧在西方

武 斌 著

SPM
南方出版传媒
广东人民出版社
·广州·

图书在版编目（CIP）数据

孔子西游记：中国智慧在西方 / 武斌著. —广州：广东人民出版社，2021.1

ISBN 978-7-218-14633-1

Ⅰ.①孔… Ⅱ.①武… Ⅲ.①孔丘（前551-前479）—哲学思想—传播—研究—西方国家 Ⅳ.①B222.25

中国版本图书馆CIP数据核字（2020）第233396号

Kongzi Xiyouji: Zhongguo Zhihui Zai Xifang

孔子西游记：中国智慧在西方

武斌 著

出 版 人：肖风华

责任编辑：陈其伟
责任技编：周星奎
装帧设计：彭 力

出版发行：广东人民出版社
地　　址：广州市海珠区新港西路204号2号楼（邮政编码：510300）
电　　话：（020）85716809（总编室）
传　　真：（020）85716872
网　　址：http://www.gdpph.com
印　　刷：恒美印务（广州）有限公司
开　　本：889毫米×1194毫米　1/32
印　　张：6.875　　插　　页：4　　字　　数：132千
版　　次：2021年1月第1版
印　　次：2021年1月第1次印刷
定　　价：49.80元

如发现印装质量问题，影响阅读，请与出版社（020-85716849）联系调换。
售书热线：（020）85716826

先師孔子行教像

德侔天地道冠古今
刪述六經垂憲萬世

唐吳道子筆

孔子行教像拓本，山東曲阜孔廟石刻

《中国哲学家孔子》1687 年拉丁文版孔子像，亚非学
院图书馆藏

《孔子的道德》16
书馆藏

子形象

版孔子像，剑桥大学图　　《中华帝国全志》1736年法文版孔子像，旧金山
　　　　　　　　　　　　大学利玛窦中西文化历史研究所图书馆藏

仿"孔子行教像"，世界孔子学会印制

前 言

Preface

一

　　1778年，也就是法国大革命爆发的前11年，法国启蒙思想家伏尔泰（Voltaire）在巴黎去世了。俄国女皇叶卡捷琳娜将他近7000册藏书买下。这批藏书至今仍是俄罗斯文献的重要收藏。据苏联科学院1961年出版的《伏尔泰私人藏书目录》中记载，在伏尔泰的这些藏书中，几乎包括了他那个时代出版的所有关于孔子及其儒家学说的书籍。

　　伏尔泰终其一生，始终保持着对中国文化的关注与仰慕。他一直关注来自中国的文化信息，研读有关中国的著作，与许多来华耶稣会士保持接触和联系。在伏尔泰的一生中，有近80部作品、200余封书信中论及中国和中华文明，涉及中国的政治、历史、宗教、哲学、科技、文艺、习俗等各个方面。在《路易十四时代》《论世界各国的风俗和精神》等作品中，伏尔泰对中国作了大量的记述与评论。在伏尔泰的笔下，"孔子"和"儒学"是两个出现频率最高的词。他把中国人视为世界上最明智和最开化的文明民族。伏尔泰有一段著名的话："欧洲王公及商人们发现东方，追求的只是财富，而哲学家在东方发现了一个新的精神和物质的世界。"①

伏尔泰在中国发现了一个"新世界"，这个"新世界"的伟大，已经不在器物，也不仅在制度，更重要的是思想观念，它具有新的精神和新的文明，成为他致力于改造法国社会的政治理想，成为他极力赞赏和追捧的一个文化榜样。

伏尔泰对中国的热情，对孔子的赞颂，不仅是他个人的喜好，而且是当时整个时代的文化风向。在许多启蒙思想家眼中，孔子是他们的理想和典范，如有的学者所说的：孔子是启蒙运动的守护神。

二

孔子是中国的孔子。经过历代王朝的推崇和历代儒家学者的阐释发挥，孔子及其创立的儒家思想、倡导的伦理精神与礼治秩序，成为一个庞大的思想体系，成为中国传统社会

---

① [德]利奇温著，朱杰勤译：《十八世纪中国与欧洲文化的接触》，商务印书馆1962年版，第79页。

的主流意识形态。在很长的时期内，孔子及其代表的儒家思想规定了中国人的价值观和认知方式，对于中华民族精神世界的建构起到了重大的作用。直到今天，孔子及其代表的儒家思想仍然对我们的思想文化和日常生活有着很大的影响。

孔子在中国文化史上的地位，可以说是前无古人，后无来者。钱穆先生说："孔子为中国历史上第一大圣人。在孔子以前，中国历史当已有两千五百年以上之积累，而孔子集其大成。在孔子以后，中国历史文化又复有两千五百年以上之演进，而孔子开其新统。在此五千多年，中国历史进程之指示，中国文化理想之建立，具有最深影响最大贡献者，殆无人堪与孔子相比伦。"①

孔子不仅仅是中国的孔子。在长期的中外文化交流中，孔子及其代表的儒家思想陆续传播到世界各地，对那里的文化发展产生了不同的影响。16世纪开始的大航海时代，欧洲各国派出了大批的商船直通中国沿海港口，开展贸易，中国因此与欧洲有了直接的、面对面的交往和交流。天主教会派出许多传教士到中国来传教。在与中国的官员和文人交往中，他们接触了孔子的儒学思想，了解到孔子在中国社会生活中的重要地位，了解到孔子在中华文化中的巨大影响力。

---

① 钱穆：《孔子传》，九州出版社2011年版，第1页。

传教士在中国发现了孔子。他们把他们的发现传播回欧洲，使孔子及其代表的儒家思想进入欧洲思想文化界的视野，为欧洲的思想文化提供了新的资源。这对当时正在兴起的启蒙运动产生了很大的激发作用。启蒙思想家从实际需要出发，对中国文化的思想材料有选择地加以利用，援引孔子思想，并将孔子和中国儒家思想理性化和理想化，作为他们批判基督教神学和封建专制主义、论证新文化理想的根据和证明。他们自觉地将中国文化与欧洲文化进行比较研究，以中国文化作为他们反省欧洲传统的参照系，中华文明便成为他们一个想象的乌托邦。

所以，我们看到，许多启蒙思想家，如莱布尼茨、沃尔夫、伏尔泰、魁奈、狄德罗等人，对孔子给予极高的赞誉，对儒家的伦理道德学说给予很高的评价。

19世纪以后，又有新教传教士来到中国，与他们的前辈一样，也对孔子及其代表的儒家思想极为重视。所不同的是，他们把中国儒家的典籍比较完整地翻译成西文，使欧洲人了解儒家思想有了比较准确的文本。这样，再次被新教传教士介绍、传播的孔子及其思想，就不仅仅是一个想象的"他者"，而是进入哲学的视域，作为哲学对话的思想存在。

来华传教士和西方哲学家在理解和介绍孔子时，总是带有自己的"文化眼镜"，因而总是有一定的"隔膜"和

"误解"，很难完全表达出孔子思想的本意。虽然这样的隔膜和误解是不可避免的，也是必然的。几百年来西方之孔子形象的嬗变与西方自身社会历史的发展是密切相关的。于是，当中国学者接触到西方人对孔子及其代表的儒家思想、对中华文化的解释时，就觉得有必要把"真正的孔子"告诉他们，就觉得有必要宣传孔子在中国的本来面目。所以，在西方学者热衷于描写和想象孔子的同时，也有一些中国学者和作家直接面向西方读者，为他们写作介绍孔子思想的作品。晚清、民国时期，辜鸿铭、林语堂等根植于中华文化、又受到西方系统教育的中国人，他们通过英文著述矫正传教士笔下的孔子形象、中国形象，主动向西方推介中华文化。比如，辜鸿铭将儒家经典《论语》《中庸》《大学》等译成英文，在清末民初的中书英译中最享盛誉。他还直接用英文写作《中国人的精神》，全面介绍孔子及其儒学思想，以及中华传统文化的精神内涵，力图纠正传教士不正确的或者歪曲的理解。林语堂则写作《吾国与吾民》和《孔子的智慧》等直接面向西方读者的著作，告诉他们中国人是怎样认识自己的孔子和自己的文化的。20世纪中期以后，更有许多生活在西方的新儒家学者，在现代西方的学术语境下，用西方哲学的话语诠释孔子及其代表的儒家思想。

　　这样，西方人，西方的思想文化界，所面对的孔子及其代表的儒家思想，就不仅仅是古代的孔子，不仅仅是古代中国人的生活智慧，而且还蕴含着现代中国人的精神世界。他们不仅仅是与古代的孔子对话，而是还是在与现代中国学者对话，与现代中国的思想文化对话。

从18世纪末19世纪初，一直到20世纪，乃至现在，孔子都是在哲学的层面引起西方哲学家、思想家的关注，并与之对话。就是说，从那以后，东西方的哲学对话，孔子仍然是作为东方精神的代表出现的。在这样的对话中，对话者注意的更多的是中西文化的差异，东西方哲学思维的差异。这与之前启蒙运动时期不同，启蒙思想家更关注的是政治哲学和伦理道德学说，他们充满了激情。19世纪以后的哲学家，主要是在哲学层面上进行冷静的思考和对话。

三

虽然孔子本人并未到过西方，但他的思想随着传教士的书信、著作漂洋过海来到了西方，穿越了山川海峡、岁月年轮，也穿越了种族、民族与社会制度，深深地植入西方人的心里。而且走向世界的孔子不仅仅是他本人的思想学说。在西方人看来，孔子就是整个中国思想文化的代表，是中国文化精神的体现。所以，从种意义上说，西方人说的孔子就是整个中国的思想文化、文化精神。

当然，无论是启蒙思想家所说的孔子，还是19世纪以后哲学家讨论的孔子，都是站在他们的哲学和文化立场上，经过他们理解、解释和接受的孔子。这样的孔子就不是原来意义上的"中国的孔子"，而是"欧洲的孔子""西方的孔子"。

从这种观点看来，西方哲学家、思想家们所说的"孔子"和"中国儒家文化"，就不是孔子和儒家思想文化的"本文"，而是他们在一定的历史时期、一定的发展水平上对这种"本文"的一种解释，是他们所理解的孔子和中国儒家文化。这种解释是否完全符合"本文"的"本义"并不重要，重要的是这种解释是否对推动西方文化、西方哲学的更新和重建有意义。

这样所说的孔子就是一个开放的系统。孔子之后的中国历代学者对他所创立的儒家思想进行了大量的研究和阐释工作，使之成为一个庞大的思想理论体系。同样，西方的哲学家、思想家也对孔子的思想进行了大量的阐释、发挥，并且与西方思想进行比较研究，以此促进西方思想的深入和发展。中国智慧博大精深，凝结了我国历代先贤广博深邃的思想精华。以孔子为代表的儒家思想蕴含着深厚的中国智慧。本书关注孔子思想西传的历史，在一定程度上也反映了中国智慧在西方的流传。

孔子走向了西方，走向了世界。孔子就不仅仅是中国的孔子，而且也是世界的孔子。

孔子走向西方的过程，也是中西两大文明交流、对话、互鉴的过程。任何文化的发展少不了与异质文化的接触和交流。文明的交流与互鉴是文明发展的强大动力。孔子作为中华文明的精神代表，直接参与了中西文明的交流与对话，也就是直接参与了世界文明的历史进程，在世界文明发展的长河中留下了重要的印记。

孔子代表的儒家思想是中华文明的宝贵精神财富。它走向了西方，走向了世界，参与到世界精神文化史的建构之中，因而也成为世界文明的宝贵精神财富。西方人也正是通过孔子，更加深刻地认识了中国，更加深刻地认识了中华文明。这是一个波澜壮阔的思想历程，是一场激动人心的文化启蒙。正是由于这样的对话、交流与相融，中华文明进一步获得了世界性的意义，世界文明的精神文化历史才更加精彩。

目录

CHAPTER 3
启蒙运动的守护神

CHAPTER 4
被称为"孔夫子"的人们

利玛窦与孔子『相遇』

中国哲学家之中最有名的叫做孔子。……如果我们批判地研究他那些被载入史册中的言行，我们就不得不承认他可以与异教哲学家相媲美，而且还超过他们中的大多数人。

——利玛窦

■ 乘风踏浪到中华

在孔子去世之后的2061年，即1582年8月，有一位意大利青年来到澳门，踏上了他神往多年的中国大地。他的到来，注定是中西文化交流史上的重大事件，也是孔子走向西方、走向世界最重要的一步。

这位意大利青年的中文名字叫利玛窦（Matteo Ricci），这一年他刚满30岁。

利玛窦是乘坐葡萄牙商船来到中国的。15世纪以后，葡萄牙人和西班牙人一直在寻找直接通往东方的海上航线，掀起了开辟全球性海上新航路的探险热潮。1497年，葡萄牙人达·伽马（Vasco da Gama）远征队从里斯本出发，绕过非洲南端，于1498年5月抵达卡利卡特，首次打通了东印度航路。

此后，西欧各国纷纷成立东印度公司，派出商船到中国，开起了中西文化大交流的时代。这些商船把中国丰饶的物产，特别是丝绸、瓷器、茶叶，还有漆器、家具以及其他日用品和工艺品，源源不断地运往欧洲，极大地丰富

16世纪往来于葡萄牙与中国之间的葡萄牙大帆船。利玛窦就是乘坐
这种船乘风踏浪而来

了欧洲人的生活，也影响了他们的审美情趣，出现了持续两个多世纪的"中国热"。

随着商船来到中国的，有许多欧洲的商人，他们是中华物质文明西传的搬运夫；还有一些探险家和旅行者，他们来到神秘的东方，在这片新奇的土地上发现了一个新世界。他们中的一些人写下日记或游记，向自己的同胞讲述在遥远东方的见闻，这些日记或游记成为西方人了解中华文明的一个窗口。

利玛窦就是在这样的情况下来到中国的。他不是商人，也不是旅行家，而是另外一个身份——耶稣会传教士。

利玛窦1552年出生在意大利中部的马切拉塔城，9岁时就进入该城的耶稣会学校学习。在这期间，利玛窦学习的不仅仅是基督教的神学理论，还包括文艺复兴发展起来的科学文化知识。在一定意义上说，耶稣会也是一个科学文化团体，最新的科学文化是他们进行传教的重要手段和方式。利玛窦的少年时代是在耶稣会学校度过的，想必是他的成绩十分优异，16岁时被派到罗马学习法律。1571年，他在罗马加入了耶稣会，这一年他19岁。

到东方传教是许多青年耶稣会士的梦想，利玛窦也是怀揣着这样的梦想踏上了他的人生旅途。1577年，利玛窦参加了耶稣会派往印度的传教团。

1578年3月，利玛窦与罗明坚（Michele Ruggie-ri）

MATTHEVS RICCIVS MACERATENSIS QVI PRIMVS E SOCIETAE
ESV EVANGELIVM IN SINAS INVEXIT OBIIT ANNO SALVTIS
1610 ÆTATIS 60.

《利玛窦像》，游文辉绘，1610年，布面油彩，罗马梵蒂冈耶稣会总
院档案馆藏

等耶稣会士从葡萄牙里斯本乘船前往东方。经过近半年的航行，于同年9月13日到达印度西岸的果阿。这时候的果阿是葡萄牙的殖民地，也是基督教在东方最大的传教中心。

利玛窦在果阿居住了4年，完成他的神学课程，并从事传教活动。1582年4月，利玛窦为耶稣会东方视察员范礼安选调遣往中国。

1582年8月7日，利玛窦抵达澳门，从此开始了他在中国长达28年的传教事业，再也没有回到自己的祖国，他的遗骨就埋葬在中国的土地上。

利玛窦在澳门停留了一年，主要是研习中文。1583年9月10日，利玛窦和罗明坚获得明朝政府的批准，进入中国内地。他们首先来到肇庆。他们在肇庆建造了一座教堂，并在那住了下来。从此，西方传教士在中国的传教事业迈出了第一步。

■ 东西君子之会

利玛窦在肇庆生活了6年多，他将主要的精力放在学习汉语和中国的礼节习俗上，以博得中国人尤其是官员的信任。在与当地官员和文人的交往中，利玛窦"深觉欲归化中国民众，先该从中国儒士入手；其与中国儒士交际当以学问为工具"[①]。他利用与中国文人交往的机会，详细介绍西方的天文、算学、理化知识，将自鸣钟、地图、天象仪器、三棱镜等陈列室内，任人参观。

起先，利玛窦身穿佛教僧侣的服饰，自称"西僧"，即来自西方的和尚，他认为这样能够博得人们的好感。初到中国的利玛窦还未能读懂中国社会，他不知道中国社会的主流文化是儒学，而不是佛学。

不久，利玛窦在韶州结识了一位士人瞿太素。在瞿太素的建议下，从1594年开始，利玛窦改穿儒服，开始留须蓄发，改称"道人"。利玛窦在着装方面为明清之际来华的西方传教士

[①] 徐宗泽：《中国天主教传教史概论》，上海书店1990年版，第173页。

利玛窦改穿儒装，在室内陈列从欧洲带来的天象仪器、圣母画像等吸引中国人的注意

树立了榜样，在他之后入华的传教士，也多采取这样的装束。这种对包含丰富文化和社会内涵的中国服饰的认同，在一定程度缩小了西方传教士和中国士大夫之间的距离。

为了传播基督的福音，利玛窦迫切想拉近与中国人的距离，求得认同感。利玛窦及其后的传教士几乎无一例外有一个很地道的中国名字，而且绝大多数传教士的中国名字后面还有"号"，有的甚至还有"别号"。这些中国名字不仅是他们西文名字的中文译音，而且所用汉字是有讲究的，往往兼顾字形、字义、字音，要么显其典雅，要么暗示德行。

不仅如此，利玛窦还请人为他讲解中国经籍，研究中国儒家思想。陈受颐指出："蓄发称儒之事，很足以表征利玛窦对于中国文化的态度……他知道要想天主教根植于中国，传教的人应该知道中国人的传统信仰。"①

利玛窦蓄发留须，身着儒服，以"西儒"身份迎来送往。谈吐风雅、谦谦君子这种特有的人格魅力与渊博的学识，使他赢得当时中国知识阶层的普遍好感和钦佩。他成功地把自己从一个来自西方的和尚转换成一个西方学者，学识上与儒家学者平起平坐，但他却拥有着近代西方先进的科技知识。与利玛窦交游、能够到他那里拜访，渐渐地

① 陈受颐：《明末清初耶稣会士的儒教观及其反应》，《中欧文化交流史事论丛》，台湾商务印书馆1970年版，第10页。

《徐利谈道图》，该画见证了利玛窦和徐光启的交往

成为当时士人的一种时尚。

在肇庆、韶州、南昌、南京等地暂住后，利玛窦于1601年抵达北京，获得万历皇帝的批准，在北京常住下来。据台湾学者黄一农考证，利玛窦在北京的9年间，与他常来常往的学者和官员，有姓名可考的约有50人，其中不乏阁部要员。

利玛窦在与中国文人士大夫的交往中，深入地认识了中华文化，也深入地了解了孔子儒家思想的内涵和在中华文化中的重要意义。同时，这也促使他更加勤勉地学习中华文化，学习儒家经典，还在自己的宣教活动和著述中灵活地援引儒家思想观点。

利玛窦与孔子的"相遇"，是西方和东方智慧的相遇，是两个世界第一次精神层面的对话。

■ 《利玛窦中国札记》里的中国

　　利玛窦在晚年除继续主持中国耶稣会教务、从事传教活动外，还开始撰写他在中国传教经历的回忆录。到他去世时，这份回忆录已告完成，仅留下一些空白以待补充。手稿是利玛窦用母语意大利语写成的，封面上除了有"耶稣""玛利亚"几个字外，没有其他的说明，看来他当时并未想着把它刊行。据此书的编纂者耶稣会传教士金尼阁（Nicolas Trigault）说，利玛窦写这份文献是打算先把它送给耶稣会长审阅，然后再让别人阅读，其目的是向欧洲人介绍有关中国的情况和在中国的传教事迹，使同会教友及有关人士从中获得教益。

　　金尼阁为保存和出版利玛窦的这份珍贵文献做出了重要贡献。1613年春，金尼阁回欧洲向教廷汇报中国教务。为了保存利玛窦的札记手稿，金尼阁在此次旅行中把它携带回罗马。在漫长的航行中，金尼阁着手把利玛窦的手稿从意大利文译为拉丁文，并增添了一些有关耶稣会在中国的传教史和利玛窦本人生平的内容。

《基督教远征中国史》拉丁文本封面，
1615年

《基督教远征中国史》书影，法文本
第一版，1616年

金尼阁翻译、增补、编纂的拉丁文本第一版于1615年在德国出版，定名为《基督教远征中国史》（中译名《利玛窦中国札记》）。该书刊行后在欧洲不胫而走。此后，各种文字译本陆续出现，在第一版之后又有4种拉丁文本，还有法文本、德文本、西班牙文本和意大利文本等。可以说，《利玛窦中国札记》一面世，立即引起了广泛的注意，迅速在欧洲各国传播开来。

《利玛窦中国札记》共分5卷，第一卷主要介绍中国的状况。首先是中国的地理位置、版图的大小、所跨越的经度和纬度、行政区域的划分，接着介绍中国丰富的物产，后半部分侧重介绍中国的制度和文化，包括中国的文字、哲学、教育、科举制度、政府机构、君主制度、中国人交往的礼节和习俗，以及中国的儒教、佛教和道教等。第二卷至第五卷记载了耶稣会传教团在中国传教的过程。美国学者史景迁（Jonathan D. Spence）在评论利玛窦的著作时说："利玛窦的札记是第一部详述中华文明成就的作品。利玛窦的读者不仅知道书中的'中国'正是马可·波罗笔下的'契丹'，还了解中国是充满异国风情、美轮美奂的国度。"①

---

① [美]史景迁著，温洽溢译：《改变中国——在中国的西方顾问》，广西师范大学出版社2017年版，第9页。

利玛窦以颇为敏锐的感受和一个外国人的旁观态度，把他的见闻详尽地记录下来，他的这部札记同时是一部晚明大动乱前夕的中国游记，在史料上的价值不言而喻。这部著作的重要价值更在于，它的撰写者是一个在中国生活多年而且熟悉中国的欧洲人。利玛窦在札记开头就说，他的叙述和此前其他欧洲著者对中国叙述的不同之处是：他是以亲身经历为依据，其他人则只能依靠道听途说的二手材料。"我们在中国已经生活了差不多三十年，并曾游历过它最重要的一些省份。而且我们和这个国家的贵族、高官以及最杰出的学者们友好交往。我们会说这个国家本土的语言，亲身从事研究过他们的习俗和法律，并且最后而又最为重要的是，我们还专心致意日以继夜地攻读过他们的文献。这些优点当然是那些从未进入这个陌生世界的人们所缺乏的。"[1]

《利玛窦中国札记》是当时一部介绍中国文化的力作，对于研究明代中西交通史、耶稣会入华传教史有着很重要的史料价值，对欧洲人了解中国起到了重要作用，是"欧洲人叙述中国比较完备无讹之第一部书"[2]。方豪也指

---

[1] [意]利玛窦、[比]金尼阁著，何高济等译：《利玛窦中国札记》，中华书局1983年版，第3页。

[2] [法]费赖之著，冯承钧译：《在华耶稣会士列传及书目》上册，中华书局1995年版，第150页。

利玛窦墓碑

利玛窦墓碑碑文

出："这是欧洲人第一部有系统叙述中国情形的书，亦可说是第一部称得起'汉学'的著作。"①

利玛窦在中国度过了他的后半生，并且死后葬在中国。但他的札记却漂洋过海地传回欧洲，西方对中国孔子有了初印象，他开启了一个新世界，把孔子介绍给欧洲，把哥白尼和欧几里得介绍给中国，打开了中国与欧洲关系的新纪元。

① 方豪：《中国天主教史人物传》，宗教文化出版社2007年版，第126页。

■ 利玛窦对孔子及儒家思想的诠释

　　如前所述，利玛窦在中国生活多年，熟练地掌握了中国语言，对中国文化有着广博的知识，对中国古典学术思想，特别是儒家学说有着较深入的研究。利玛窦在中国期间与欧洲的通信持续不断。在这些信中，利玛窦未曾掩饰他对儒家的好感，他将孔子与古罗马哲学家塞内加（Lucius Annaeus Seneca）并提，说"四书"是很好的伦理文献，他还认为中国的儒家知识分子有"慈悲"胸怀。在后期通信中，他甚至认为孔子大大超过了欧洲的古代贤哲。

　　在《利玛窦中国札记》中，利玛窦以崇敬的心情提到中国儒家思想的创始者孔子："中国哲学家之中最有名的叫做孔子。……他既以著作和授徒也以自己的身教来激励他的人民追求道德。他的自制力和有节制的生活方式使他的同胞断言他远比世界各国过去所有被认为是德高望重的人更为神圣。的确，如果我们批判地研究他那些被载入史册中的言行，我们就不得不承认他可以与异教哲学家相媲美，而且还超过他们中的大多数人。"①

利玛窦多次提到孔子在中国的崇高地位。他说，中国有学问的人对孔子都非常尊敬，以致不敢对他说的任何一句话稍有异议；在这个国家规定凡希望成为或被认为是学者的人，都必须从孔子的几部书中导引出自己的基本学说。利玛窦还注意到，不仅是知识阶层，就是统治者也给予孔子最高敬意，他们感激地承认他们都受益于孔子遗留下来的学说。

利玛窦指出，中国唯一较高深的哲理科学就是道德哲学，儒学是一种主张理性的学说，在维持社会稳定和谐方面起了很大作用。"儒家这一教派的最终目的和总的意图是国内的太平和秩序。他们也期待家庭的经济安全和个人的道德修养。他们所阐述的箴言确实都是指导人们达到这些目的的，完全符合良心的光明和基督教的真理。"②

利玛窦把孔子的儒家学说看做是一种宗教。利玛窦说，中国人以儒教治国有着大量的文献，远比其他教派更为著名。不过，利玛窦不承认儒教是正式的宗教。他以为儒教不过是一个学术团体，其目的是恰当地治理国家。所

---

① [意]利玛窦、[比]金尼阁著，何高济等译：《利玛窦中国札记》，中华书局1983年版，第31页。

② [意]利玛窦、[比]金尼阁著，何高济等译：《利玛窦中国札记》，中华书局1983年版，第104页。

以他认为中国人可以同时是儒教成员和天主教教徒。他说，从一开始我们的信仰就受到儒家的保护，儒家的道理没有任何与天主教相冲突的地方；否则，如果神父他们必须应付所有的教派，那么四面八方都是敌人，将难以对付。为了进一步揭示天、儒相通，利玛窦还高度评价儒家的伦理观，说这是中国人对先祖父辈的孝敬。

正如美国学者孟德卫（D.E. Mungello）所说："利玛窦最早认识到了孔子的重要地位，他将孔子看做中国和基督教相结合的关键。孔子的哲学非常理性却暗含宗教意味，这就使它与宗教性鲜明的基督教能极好地结合。"[①]

从利玛窦开始，传教士大都把中国的儒家典籍和学术思想作为向欧洲介绍中华文化的一个主要方面，使儒家学说在欧洲思想界得以传播。在后来的启蒙运动中，儒家学说对启蒙思想的形成和发展起到了一定的激励和开发作用。

---

① [美]孟德卫著，陈怡译：《奇异的国度：耶稣会适应政策及汉学的起源》，大象出版社2010年版，第6页。

■ 孔子与"天主"

通过对中国的了解和认识,利玛窦成为适应性传教策略的坚定拥护者。

"利玛窦的全部策略,实际上是建立在中国古代伦理格言与基督教教义之间的相似性,'上帝'与天主之间的类比关系上的。"[①]谢和耐说,利玛窦明白自己是为了用它们指出一些与其本意不同的内容。利玛窦用天主教教义去附会儒家的学说,将先秦典籍中的"天""上帝"指称天主教的"Deus",即"天主",从而证明天主教与儒家在这个根本问题上的立场接近。他还认为儒家经过宋明理学这一发展阶段后,其非人格的"天""理"已远离早期儒家的"天"或"上帝"的原旨,因而要士大夫返璞归真,恢复对上帝其实也就是对天主教之"Deus"的信仰。在"Deus"这个词的翻译问题上,最能看出利玛窦以耶附儒、调和天主教和儒家之核心概念的倾向,也最能说明利

---

① [法]谢和耐著,耿昇译:《中国与基督教——中西文化的首次撞击》(增补本),上海古籍出版社2003年版,第17页。

玛窦在调和天主教和儒家上的独具匠心。因为即使是"上帝"这个现成名词也远没有"天"所具有的那种儒家概念的正统性和在中国语言中使用的普遍性。也就是说,"天主"之"天"恰好与儒家的关键概念"天"相契合。加上"主"以后的"天主"即上天之主,又与中国人的"天"相区别,从而巧妙地避免了与中国原有的概念相混淆。"天"字之被选中,大大方便了耶稣会的传教,同时也使中国士大夫在不违背儒家原则的情况下接受和实践一种全新的信仰。康熙皇帝曾赐给北京的传教士一幅亲笔手书的条幅,上面写着"敬天"两个汉字。

利玛窦肯定儒家的学说,用儒教思想来论证天主教教义,宣称人们可以既属于儒家学派,又可以成为基督徒。因为在原则上,儒学没有违反天主教之基本道理的地方;而天主教信仰,对儒家所关切的社会安宁与和平之实现,不但无害,反而大有帮助。这一结论既有助于利玛窦向士大夫、平民百姓传教,而不妨碍其生活方式和思想观念,又成为其调和儒学与基督教的前提。孙尚扬指出:"当利玛窦肯定甚至赞美儒学时,他肯定的是:(1)古代儒学经典中的宗教成分;(2)儒学中与天主教宗教道德有些许相似性的世俗道德观念、规范,即所谓合乎自然理性者。这也是他在中文著作中表现出来的对儒学的宽容之界限。一旦儒学中的哲学、伦理思想超出这个界限,从而变得不能为天主教义或中世纪经院哲学所容忍时，利玛窦便放弃了调和、附会的方法，转而诉诸批判的武器。"①

利玛窦让天主教义附着于儒学，以此确立了入华耶稣会士的传教策略，从而推动了耶稣会在华传教事业的发展。

读完本章，想要分享阅读感悟？

◀ 微信扫码，获取本书配套服务

---

① 孙尚扬：《基督教与明末儒学》，东方出版社1994年版，第101页。

传教士发现的孔子

在1500—1800年期间，西方人对中国人的认识源于孔子的形象。关于这位博学的圣人的最著名的描绘是他身处于一个放满书籍的书屋里。这一形象最初出现在1687年巴黎出版的《中国哲学家孔子》一书中。

——孟德卫

■ 儒学，传教士的必修课

利玛窦开启了天主教在中国传教事业的黄金时代。来华传教士来自欧洲许多国家，包括意大利、葡萄牙、西班牙、法国、德国等，其中不少人和利玛窦一样，是学有专长的专家学者，是那个时代的饱学之士。意大利学者柯毅霖（Gianni Criveller）说："由于通晓古代和近代的知识且有良好的学术素养，耶稣会士通常是欧洲最有才华的人。""耶稣会士不仅向文艺复兴开放，而且他们自己就是文艺复兴精神的宣扬者和鼓动者，并且在他们之中产生了一批一流的科学家。"[①]

这些来华的传教士是第一批向欧洲介绍孔子及其思想的人。

耶稣会士采取的传教策略之一，就是利用中国儒家思想来论证基督教教义。这就形成了天主教思想与儒家思想的一次直接的接触和对话，形成了中西思想的直接碰面与交流。

---

① [意]柯毅霖著，王志成等译：《晚明基督论》，四川人民出版社1999年版，第12、15页。

这些来华的传教士和利玛窦一样，努力学习中国传统文化，特别是研读儒家经典，对中国的传统礼俗、儒家思想有比较深入的了解。儒学是传教士的必修课，"四书五经"是研读的重点。直到清代，"四书五经"也是中国传统文人的必备经典，是中华传统文化内容的根源。如果不了解"四书五经"，就不能把握中华传统文化的理论基础和核心价值观念。

从利玛窦开始，入华耶稣会士把研习中国儒家文化，学习"四书五经"作为重要任务。1593年12月，利玛窦在给耶稣会总会长的报告中说："今年一年，我们都用功读书，我给我的同伴们讲完了一门功课，这门功课称为'四书'，是四位很好的哲学家写的。书中有很多合理的伦理思想，中国的学者，人人都读这部'四书'。"数年后，利玛窦又向总会长报告说："在已度过的这几年里，我让一些优秀的先生讲解了'四书'之外的'六经'。我在所有这些书中都做了长段摘录，这是为了支持我们的信仰，如上帝的独一性、灵魂之不死性以及真福者的荣耀性等。"①法国传教士马诺瑟（de Premare）曾向康熙皇帝自述："于十三经、二十一史、先儒雅集、百家杂书，无

---

① 　计翔翔：《十七世纪中期汉学著作研究——以曾德昭〈大中国志〉和安文思〈中国新志〉为中心》，上海古籍出版社2002年版，第22—23页。

所不购，废食忘寝，诵读不辍，已数十载，今须发交白，老子冉冉将至而不知，果为何哉？有能度吾之心者，必知其故也。"①

　　传教士研究中国文化和典籍，本意是要利用它们来达到传教的目的。但是，这样的文化接触必然使传教士受到中华文化氛围的熏染，并在不知不觉之中开始接受中华文化。结果，正如耿昇所指出的："入华耶稣会士们也只好暂时'淡化'他们的传教活动，而热衷于学习中国文化和从事中西文化交流工作。他们通过炫耀西方文化的先进性，进而鼓吹西方宗教的先进性；通过学习中国文化，而得以在中国社会精英中赢得好感，进而在社会大众中扎根。最终形成了一种扎根未被'福音化'或'基督宗教化'，而是入华耶稣会士们完全被'中国化'的奇特现象。"②

---

① 许明龙：《欧洲十八世纪中国热》，外语教学与研究出版社2007年版，第38页。

② 耿昇：《中法文化交流史》，云南人民出版社2013年版，第111页。

■ 传教士的孔子印象

　　明清之际来华传教士中不乏饱学之士，他们在中国生活了多年，撰写了大量的著作、札记、书信和报告，向欧洲人展现出一幅幅中国历史的宏伟画卷和丰富多彩的社会生活场景。传教士热心于对中国典籍的翻译和儒家思想的研究，并取得了很大的成就，也在欧洲思想界产生了深远影响。

　　早期来华的葡萄牙耶稣会士曾德昭（Alvaro Semedo）著有《大中国志》，于1642年出版。这部著作一经出版，便被译成多国文字，受到欧洲东方学者的欢迎。曾德昭在中国待了22年，对当时处于明朝末期的中国，应该说是了解得比较透彻的，他的《大中国志》比利玛窦的著作更为详细地介绍了中国的社会历史和人文地理状况。

　　《大中国志》中说到孔子在中国具有很高的地位，"孔夫子这位伟人受到中国人极大的崇敬，他撰写的书，及他身后留下的格言教导，也极受重视，以致人们不仅把

《万世师表》图，清代拓本，牌位上孔子居中而坐，颜渊、子思、曾子、孟子四弟子分坐左右，两侧分刻十二先贤像

他当作圣人，同时也把他当作先师和博士，他的话被视为
是神谕圣言，而且在全国所有城镇修建了纪念他的庙宇，
定期在那里举行隆重仪式以表示对他的尊崇"。他还说到
儒家的"四书""五经"，"有关的注释需要他们努力
学习，背下来，竭力了解困难之处，使他们获得各种辨识
力，这样去节制他们的行为，制定治国之方。这都是根据
从其中找到的格言警句进行的"。①

西班牙多明我会传教士闵明我（Domingo Navarrete）
长期在中国生活和传教，对中国的社会现实、民众情感以
及生活习俗有深入的了解，其所著《中华帝国纵览》于
1676年一经出版，就在欧洲各国广泛传播。后来陆续被译
成法文、德文和意大利文，在英国出版的摘译本尤其受欢
迎。

闵明我建议欧洲各国政府仿效中国政府，减轻田赋，
造福农民，甚至认为可以把中国称作伊甸园。他介绍了孔
子的学说，引用了100多句孔子和其他典籍的格言。闵明
我写作这部著作的目的之一，就是希望把中国作为西班牙
的一个榜样，以中国政治上的"清明"促进西班牙的政治
革新，以中国繁荣富强的景象来唤起西班牙民族重振往日
辉煌的激情，并最终使西班牙摆脱当时内忧外患的困境。

---

① ［葡］曾德昭著，何高济译：《大中国志》，上海古籍出版社1998
　　年版，第59、60页。

闵明我对中国农业和农民政策的介绍对法国的重农学派产生了一定的积极影响。

到启蒙运动时期，《中华帝国纵览》尤其受到学术界的高度重视。莱布尼茨、洛克、狄德罗、卢梭、伏尔泰、孟德斯鸠、魁奈、傅尔蒙等人提到过这本书，认为它对于了解中国大有裨益。

1688年在巴黎出版的安文思（Gabriel de Magalhāes）的《中国新史》，是一部全面概述中国和中国文化的著作。安文思是葡萄牙耶稣会传教士，为航海家斐迪南·麦哲伦（Ferdinand Magellan）的后裔。他于1640年来中国传教，直到1677年病逝于北京。他撰写《中国新史》时，在中国已生活了20多年。

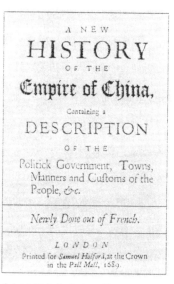

《中国新史》英文版封面

《中国新史》原书名《中国十二绝》，意即中国的12条优点，记述了中国的名称、地理位置、历史、语言、物质生活、矿产、航运、船舶、政治制度、国家结构等，特别对中国社会的礼仪风俗、城镇特点、官僚贵族体制和皇城建筑等作了较为详尽的记述，呈现出一幅全景式的中国图画。其中也谈到孔子，有一章的题目就是"孔子的崇高地位和巨大影响"。

安文思以推崇的口气提到孔子，他说，中国人用极崇高的名字去称呼这位哲人，"当他们说圣人时是表示尊崇，意指孔夫子，指大智大勇的人。这个国家对那位哲人极为尊敬，尽管他们不把他当作神祇崇拜，但为他举行的典礼的规模之大却超过祭拜偶像或浮屠的仪式"。安文思说孔子"实际上他是一个有学问的人，天赋种种美德"。[①]安文思对中国人也作出了较高的评价，他认为，中国人是比其他人更精明和聪慧的。[②]他还介绍了儒家的经典"四书""五经"，认为这些经典著作犹如他们的《圣经》，并说他们传教士都极勤勉地学习这些典籍。

法国耶稣会士李明（Louis Le Comte）的《中国近事报道》是17世纪末比较全面概述当时中国国情的著作。该书是李明在华期间写给国内要人的通信汇编，共有14封信。李明以自己的亲身经历对在中国的所见所闻做了详尽

---

① [葡]安文思、[意]利类思、[荷]许理和著，何高济译：《中国新史》，大象出版社2016年版，第93页。

② [葡]安文思、[意]利类思、[荷]许理和著，何高济译：《中国新史》，大象出版社2016年版，第64页。

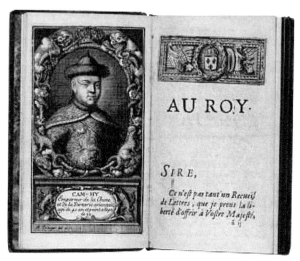

《中国近事报道》中的康熙画像，画框饰以龙纹，1696年
法国巴黎版

的报道。其中论述了中国人的语言、文字、书籍和道德，
包括中国人思想的特点、政府和政治、中国人的宗教信仰
等。李明认为，孔子是中国人教义最纯洁的源泉，他是中
国人的哲学家、立法者、圣贤，尽管孔子不是国王，但他
却统治着中国极大的一部分，而且到他死的时候，通过他
所提倡的箴言和他所展示的公正例子，他在这个国家的管
理事务上享有更大权威。李明在书中撰写了孔子的小传，
还辑录了孔子的一部分箴言。他指出："孔子是中国文学
的主要光辉所在……这正是他们理论最清纯的源泉，他们
的哲学，他们的立法者，他们的权威人物。"李明介绍了

"五经"中每部经典的主要内容，然后指出："这5本书是非常古老的，所有其他在王朝有一定威望的书不过是这5本书的抄本或评注本。在不计其数的曾为这著名的原著付出劳动的作者中，没有任何人比孔子更杰出。人们尤其看重他所收集成'四书'的有关古代法律的书，并视其为完美政治的准则。"①

《中国近事报道》1696年于巴黎出版。该书出版获得巨大成功，短短4年间法文重版5次，并有英文、意大利文及德文译本。

---

① [法]李明著，郭强、龙云、李伟译：《中国近事报道（1687—1692）》，大象出版社2004年版，第177、175页。

■ 被视为典范的科举制

面对中国社会广阔的生活场景，来华传教士对中国的文化历史和当时所发生的一切十分感兴趣，他们向欧洲描绘的中国，涉及他们的所见所闻、所知所想。不过，特别令他们瞩目的是中国的教育和科举制度。"传教士们对教育的形式很感兴趣，中国社会的各种色彩交融在由它组成的画面上。"①

传教士注意到，在中国人那里，读书几乎成为终身的职业，中国学生学习的内容主要是儒家学说阐述的道德、历史、法律和人际关系的原则，是政治和民事的治国之道。中国的教育主要是一种培养道德礼貌的公共教育，在全国各地，学习和教育计划都是完全标准化的，因而，在这样的教育制度下培养出来的知识阶层首先是国家道德生活的代表。他们在学习、研究的过程中，把道德的原则从经典的作品及

① [法]伊莎白尔·拉瑟拉：《欧洲人眼中的儒学教育》，转引自[加]许美德、[法]巴斯蒂等著，朱维铮等译：《中外比较教育史》，上海人民出版社1990年版，第39页。

宋代科举考试图

已有的礼仪法则中抽取出来，并长期、缓慢地将其传播于人，从而他们也就成为"民族的灵魂""国家的权威"。在传教士的描绘中，这种以重申道德原则为主要内容的教育制度，是保证中国社会稳定和谐的主要支柱。

中国通过科举考试来选拔人才、选拔官吏的制度，形成于隋唐时期，到明清时期已很完备，是中国文官政治的重要基础。近代以来来华的欧洲人士很早就注意到这种选官任官制度，并用了很多笔墨来介绍。16世纪来中国的欧洲人关于中国的游记和报道中，记载了中国科举考试的情况。1596年，英国女王伊丽莎白写信给万历皇帝，表示对中国科举制度饶有兴趣。但是，那时候来华的欧洲人只是在沿海地带活动，所以对于像科举制这样制度层面的深层次问题，了解得并不是十分清楚。直到利玛窦时，耶稣会士才开始对科举制有比较深入的了解和研究。

《利玛窦中国札记》对中国科举制度进行了详细的介绍，并颇为赞赏。近代西方国家确立文官制度受到中国科举制的直接影响，而特别注意到并且详细地向西方介绍中国的科举制，很可能是从利玛窦开始的。

曾德昭在《大中国志》中也用了3章的篇幅介绍了中国的考试制度。他将秀才、举人和进士分别对应欧洲的学士、硕士和博士，还详细地介绍了各级考试的时间、考场的状况、考试的方法、考试的内容以及最后的录取等。关于国家授予的"博士",他说道:"他们在全国得到的尊敬,及获得的职位和官称,正如古代之授予大君主者,但与君主的权力有所不同,现在则相当于博士所拥有的。"①

在其他许多传教士的著述中,也一再提到或详细论述中国的科举制。"在一些古人所制定的政府的模式、方案中,我们或许不会见到像中国的君主制那样完美、缜密的……似乎是上帝自己动手缔造了这个帝国。他们的政府方案在历经四千年的考验之后,依然完美如昔。"②传教士认为,这些优点来自于这样一种政治形式,即只有经过多年的学习并通过众多的考试,才能当上官员。

这种经过竞争性考试选拔官员,并用以治理社会的做法,在当时的欧洲还是不能想象的。耶稣会传教士中有许多人本身就是教育家,是一些学校的创办者,他们也积极地参与国家事务。所以,中国人对教育的重视,学者在中国社会中的作用,以及经过竞争性考试选拔官员的制度所具有的道德、社会和政治效果,都是他们特别感兴趣的。

传教士指出,通过考试而选拔出来的学者是一种贵

---

① [葡]曾德昭著,何高济译:《大中国志》,上海古籍出版社1998年版,第56页。

② [法]伊莎白尔·拉瑟拉:《欧洲人眼中的儒学教育》,转引自[加]许美德、[法]巴斯蒂等著,朱维铮等译:《中外比较教育史》,上海人民出版社1990年版,第30页。

族，但他们的职位和声望不是得自世袭，而是凭借其自身的价值才得到的。他们希望这种"真正的贵族"和选拔贵族的方式能够成为欧洲的典范："假如其他王国也能遵循这一惯例，我们就不再会看到那么多的老爷、贵族的子弟会如此愚昧无知，因为（对他们说来）真正的高贵似乎并不包含学问及光辉的精神品质。"[1]总之，"欧洲早期的旅行者对中国社会那种非贵族的、社会精英统治的特征留下了深刻的印象，他们将这种社会统治比作柏拉图的共和国"[2]。

传教士对中国科举制的研究和介绍在欧洲各国特别是英、法引起高度关注，许多启蒙思想家和其他学者纷纷对这种考试制度表示赞扬。在法国，伏尔泰推崇中国的文官制度，认为中国官僚奉行儒家信条，恪尽职守，唯命是从，他们构成一个各部门职能相互制约的和自我调节的好政府。魁奈在《中华帝国的专制制度》中也有一节专门讨论科举制度，详细地介绍了三级学位的划分和考试程序。魁奈非常欣赏这种制度，并希望欧洲也有类似的东西。

---

① [加]许美德、[法]巴斯蒂等著，朱维铮等译：《中外比较教育史》，上海人民出版社1990年版，第34—35页。
② [英]艾兹赫德著，姜智芹译：《世界历史中的中国》，上海人民出版社2009年版，第251页。

■ 儒家典籍的西译

　　书面文献是文化的主要载体。明清之际中华文化西传的高
潮，有一个重要特征就是中国古典经籍在欧洲的流传和研究。
　　在来华的传教士中，罗明坚最早将中国典籍翻译成拉
丁文。1581年，罗明坚把中国儿童蒙学读本《三字经》
译成拉丁文，后给耶稣会总会长寄去，在寄送时，他还写

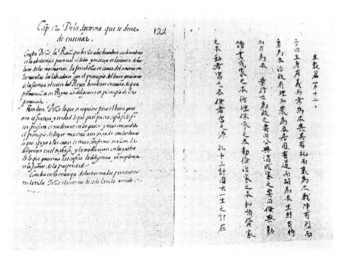

以中文、西班牙文对照方式呈现的《明心宝鉴》，西班牙国立图
书馆藏

道："时间仓促，拉丁文译文也很不顺。"该书稿此后并未出版。1592年，又一本中国儿童蒙学读本《明心宝鉴》由当时在菲律宾传教的多明我会传教士高母羡（Juan Cobe）译成西班牙文，在菲律宾出版。

高母羡认为相当多的传教士并不了解中国文化特征，所以看不到儒家学说与基督教教义有近似的地方。他翻译《明心宝鉴》就是为了使欧洲人了解中国，从而确立和平传教的信心。菲律宾大主教萨拉萨尔（Salazar）非常赞赏高母羡的做法，并认为《明心宝鉴》西班牙文本的出版对于东方的传教事业有深远的影响。《明心宝鉴》后来由米格尔·德·贝纳维德斯（Miguel de Benavides）神甫带回西班牙，并于1595年呈献给菲利普二世。

尽管高母羡先于罗明坚翻译出版中国典籍，但罗明坚却要早于高母羡在欧洲出版中国典籍。罗明坚是与利玛窦一起来中国的，罗明坚比利玛窦年长9岁，来中国时已经40多岁了，之前曾获法学博士学位。罗明坚是儒学西传的先驱，在向西方介绍中国、翻译中国古代文化典籍等方面做出了开拓性的贡献。

1588年，罗明坚奉命自澳门回罗马向教宗汇报期间，随后，其在罗马将"四书"中的《大学》一书的部分内容翻译为拉丁文，由另一名耶稣会士波塞维诺（Antonio Possevino）编入1593年在罗马出版的百科全书的《历史、科学、救世研究丛书选编》。该译文稿本今存罗马意大利国家图书馆。

自罗明坚开始，耶稣会士开始重视对"四书"的翻译工作。

最初，耶稣会传教士翻译"四书"是为了教来华传教士学习中文。1594年，利玛窦经过数年的努力，将"四书"译成拉丁文，并略加注释，随后将稿本抄本寄回意大利，可惜此稿未及印行。根据利玛窦自述，他翻译"四书"是为了给日后的传教士所用，因为在他看来，传教士来华若不精通儒家经典，绝不会有什么收获。同时，他也希望"四书"能受到欧洲人的重视。他的这个译本成为来华传教士必须研习的读本，也成为后来传教士翻译的蓝本。艾儒略（Gulius Aleni）在所著利玛窦传记中记载利玛窦译书一事说："利子此时尝将中国四书译以西文，寄回本国，国人读而悦之，以为中邦经书，其能识大原不迷其主者乎？至今孔孟之训，远播遐方者，皆利子力也。"①

继利玛窦将"四书"译成拉丁文之后，1626年，金尼阁又将"五经"译为拉丁文，在杭州刊印，书名为《中国第一部神圣之书》，是中国经籍最早刊印的西文本，也是来华传教士的读本。

---

① [意]艾儒略：《大西西泰利先生行迹》，转引自吴孟雪：《明清欧人对中国文献的研究和翻译》，《文史知识》1993年第6期，第74页。

"四书"的全译本出自比利时耶稣会士卫方济（Francois Noël）之手。卫方济以柏应理（Philippe Couplet）《中国哲学家孔子》的译文为基础，以拉丁文译《大学》《中庸》《论语》《孟子》"四书"以及《孝经》和《小学》。其特点是逐字翻译，即书名亦不例外，如《大学》译为《成年人之学问》，《中庸》译为《不变之中道》，注释也较为详细。卫方济的译文于1711年以《中国六经》为题由布拉格大学图书馆印行。此后，卫方济的这部书又被译为法文，法译本之首有文论中国政治哲学及伦理哲学的起源、性质和意义。卫方济在序文中说道："今我以六经的拉丁文本贡献于左右，非独使你们熟悉中国人的著作，而且你们可以把他们正确的思想付之实行。"[①]他还说，中国古代圣贤的道理，可以发明基督教的宗旨。

至卫方济的《中国六经》止，亦即到18世纪初，中国的"四书"已全部译成西文在欧洲刊行流传。

在后期来华传教士中，孙璋、蒋友仁、钱德明、韩国英等人也都对汉学有较高造诣。孙璋（Alexander de la Charme）对中国文献涉猎甚广，以拉丁文译《诗经》《礼记》。蒋友仁（Michael Benoist）以拉丁文译《书经》和《孟子》，他的译文非常审慎准确，法国耶稣会传教士

① 引自[德]利奇温著，朱杰勤译：《十八世纪中国与欧洲文化的接触》，商务印书馆1962年版，第78页。

宋君荣（Antoine Gaubil）见其《书经》译文初稿时大为惊奇，便鼓励蒋友仁将《书经》全译。法国传教士晁俊秀（Franciscus Bourgeois）说，其书虽未刊印，已为众人推许，其了解汉文之深与译文之忠实，远在以前各译本之上。

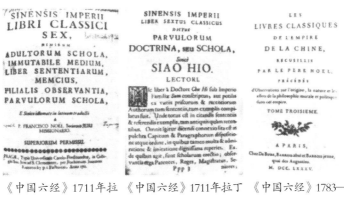

《中国六经》1711年拉丁文版扉页，亚非学院图书馆藏　　《中国六经》1711年拉丁文版《小学》首章译文，亚非学院图书馆藏　　《中国六经》1783—1786年法文版扉页，亚非学院图书馆藏

宋君荣也把《书经》翻译成法文，于1770年由汉学家德经（Joseph de Guignes）在巴黎出版。此书除了译文和注释外，还有出版者添加的补注、插图和原文没有的中国上古三朝的帝王简史。在宋君荣看来，《书经》是中国古代最好的书，在中国人的精神生活中具有无可否认的权威。他认为，《书经》记述的是中国英雄时代的历史，与同时代的古希腊有着明显的不同。古希腊的英雄是一些凶狠、残暴、给人民带来巨大灾难的强盗，而中国的英雄则是一些秉性仁

厚、作风民主、敬德保民的圣贤。《书经》所反映的是中国上古时期的英雄治国、安民、修身的圣贤之道。

自诩为"孔子传记家之传记家"的钱德明（Jean Joseph Marie Amiot）在1784年出版了《孔子传》，除参考各种史籍外，并论及《论语》《史记》《家语》诸书。他还著有《孔门弟子传略》，书中列颜子、曾子、子思、孟子、仲子等五人，是百余年来西方人研究中国经籍的必读之书。

韩国英（Pierre-Martial Cibot），对中国的孝道颇有研究，他编著的《论中国人之孝道》，将中国古今关于孝道之说汇于一编，所译介的孝道文本，涵盖古代文献经典与当时各种官方文本的译介，其中有节译《礼记》《孝经》和《大清律例》中有关孝道的法律，其他还有皇帝应有之孝道、社会表示孝道的风俗、古今孝子故事、劝孝之诗文等等。韩国英认为孝为中国风俗政治之基础。他在序言中开宗明义地说，中华帝国是一个大家庭，皇帝是这个大家庭的父母。他将孝道与帝国紧密地联结，因此，任何意图攻击这个伦理道德规范者将引发全体中国人的反击。①

此时，传教士对中国典籍的翻译成为西方人了解中国的一个重要窗口。

---

① 参见潘凤娟：《法籍耶稣会士韩国英与孝道文献的西传》，台湾《故宫文物月刊》2011年11月号。

■ 《中国哲学家孔子》的远播

　　当时传教士翻译的中国典籍中，柏应理等人编译的《中国哲学家孔子》有着极大的影响。

　　1687年拉丁文本的《中国哲学家孔子》在巴黎出版，该书集耶稣会士几十年学习研究儒家经典之大成，是耶稣会士最具代表性的儒家思想研究成果之一。

　　来华传教士对"四书"的翻译从罗明坚和利玛窦时代就开始了。清初出现了以杨光先为首的反对天主教的浪潮，传教事业受到重大打击，汤若望、南怀仁等人被打入死牢，其他各地的23位来华传教士也被集中到广州。在此期间，他们召开了"广州会议"。这是来华的各个天主教修会讨论关于中国礼仪的一次会议。会议期间，经过充分的讨论，耶稣会士

柏应理

恩理格（Christian Herdtricht）、鲁日满（Francois de Rougemont）、柏应理开始在原先"四书"简单直译的基础上，重新进行了校对和注释。尤其针对其中译名的敏感之处以及耶稣会士当时所受到的批评，引用中国古籍在译文中提出反驳。这项工作大概在1670—1672年完成。作为书中一部分的《中庸》，即殷铎泽（Prosper Intorcetta）翻译的《中国政治道德学说》是在此之前完成的。殷铎泽在回欧洲时，将译稿带回欧洲，交给了德国汉学家基歇尔（Athanasius Kircher）。柏应理回欧洲时，在罗马学院找到了基歇尔去世后留下的部分译稿。法国皇家图书馆馆长得知这部书稿的情况后，提出要出版这部书。柏应理又在书稿中加上自己写的序言和他早在中国写好的《中国年表》，最后在巴黎出版。

《中国哲学家孔子》一书还收录了西方人画的孔子全身像，这很可能是西方人第一次看到孔子的形象。画中孔子身穿儒服，头戴儒冠，手持象笏，站在一座庙宇式的书馆前。书馆上端写有"国学"二字，附拉丁文注音和解释，书

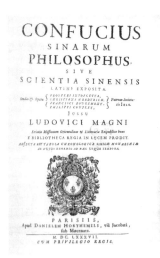

《中国哲学家孔子》书影，法国巴黎1687年版

《中国哲学家孔子》收录的孔子像，这一形象在当时的欧洲广为流传

馆柱子上写有"天下先师"字样。孔子身后的两旁是装满经书的大书架，书架上的书籍均标出书名，自上而下，一边是《书经》《春秋》《大学》《中庸》《论语》；另一边是《礼》《易经》《系辞》《诗经》《孟子》，都附以拉丁文注音。书架的下面还有孔子弟子们的牌位，上写颜回、子思、子路等，共18名。美国学者孟德卫指出："这幅肖像把孔子描绘成在图书馆内的学术贤哲而非在庙宇中的神祇先知。这种描绘显示出了耶稣会士是如何强调孔子的理性一面，这正是欧洲人推崇孔子的重要原因。""在1500—1800年期间，西方人对中国人的认识源于孔子的形象。关于这位博学的圣人的最著名的描绘是他身处于一个放满书籍的书屋里。这一形象最初出现在1687年巴黎出版的《中国哲学家孔子》一书中，后来又经局部改动在这一时期欧洲其他发行物上不断再版。"[①]

《中国哲学家孔子》一经出版，立即在欧洲思想界引起轰动和反响，各种译本纷纷问世，各界人士也纷纷撰写文章加以介绍、评论。符腾堡大公国的大臣毕尔丰格读罢此书后对孔子产生了狂热崇拜，并在其所著《中国伦理和政治的典范理论》一书中对中国古代伦理思想作了阐述。

法国启蒙思想家大都读过《中国哲学家孔子》。伏尔

---

① [美]孟德卫著，江文君等译：《1500—1800中西方的伟大相遇》，新星出版社2007年版，第137、14页。

泰在《风俗论》中介绍孔子学说时就利用了这本书。孟德斯鸠（Charles Louis Montesquieu）怀着巨大的兴趣，认真阅读了这部用艰涩的拉丁文撰写的书，并作了详细的笔记。在笔记中，他写下了一些自己的观点，并将书中的许多段落译成法文。如孟德卫所说："在18世纪的法国，没有神圣启示的儒学，作为一种令人赞赏的哲学被反基督教的启蒙思想家接受。信奉自然神论和开明专制的中国君主成了启蒙思想家向欧洲宣传的极好典范。"①

《中国哲学家孔子》让儒家学说在西方声名远播，对中国文化的西传具有启蒙意义和先驱作用。它把中国、孔子、政治道德3个名词联在一起，孔子在欧洲因此被称为道德与政治哲学上最伟大的学者与预言家。启蒙学者欢呼这位被拉丁化了的孔子是人类最伟大的英雄人物之一，是中国的苏格拉底。由此孔子的伦理观风靡欧洲社会。

---

① [美]孟德卫著，江文君等译：《1500-1800中西方的伟大相遇》，新星出版社2007年版，第118页。

■ 《易经》的研究和翻译

《易经》是中国最古老的经籍之一，孔子晚年热衷于钻研《易经》，《史记·孔子世家》记载孔子"读《易》，韦编三绝。"相传，孔子写下了解释《易经》的"易传"（又称"十翼"）。后来，学界对此说法多有质疑，一些学者认为，"十翼"应系儒家孔子后学所撰写，虽然不是孔子亲作，但却不能说不是孔子思想所灌注。

在"五经"中最早受到传教士注意的是《易经》。曾德昭在《大中国志》中讲到了《易经》，他说这是一部论述自然哲学的著作，通过一些自然原则来预测未来，测算旦夕祸福。

1658年出版的卫匡国（Martino Martini）《中国史初编》中已有对《易经》的介绍。卫匡国说《易经》是中国最古老的文献，八卦的发明者是伏羲，中国人的第一门学问是数学，他把《易经》看成是数学知识的发源物。《中国史初编》书前还有六十四卦、三百八十四爻的全图，图下有对《易经》六十四卦的简介。这可能是最早向欧洲介绍的六十四卦。

到17世纪末18世纪初，传教士对《易经》的研究和翻译工作有了很大进展，白晋（Joachim Bouvet）、刘应（C.de Visderou）、马若瑟（Joseph Maria de Premare）和雷孝思（Jean Baptiste Regis）等人先后从事对《易经》的研究和翻译。

1697年，白晋回欧洲期间，曾在巴黎作一演讲，向法国听众介绍中国的《易经》。在演讲中，他把《易经》视为与柏拉图、亚里士多德的哲学一样合理、完美。他说，虽然这个主张不能被认为是耶稣会士的观点，因为大部分耶稣会士至今认为《易经》这本书充斥着迷信的东西，其学说没有丝毫可靠的基础。但是，"我相信我有幸发现了一条让众人了解中国哲学正确原理的可靠道路。中国哲学是合理的，至少同柏拉图或亚里士多德的哲学同样完美。我想通过分析《易经》这本书中种种令人迷惑的表象论证（这个主张）的真实性。《易经》这本书蕴含了中国君主政体的第一个创造者和中国的第一位哲学家伏羲的（哲学）原理"①。

白晋在巴黎期间，还曾与莱布尼茨建立了通信联系，白晋于1698年再度来华后，又多次与莱布尼茨通信，虽

① 吴孟雪：《明清欧人对中国文献的研究和翻译》，《文史知识》1993年第9期。

然讨论的问题比较广泛，但《易经》问题是主要的话题之
一。特别是1701年11月4日白晋写给莱布尼茨的信中，附
上了他把《易经》六十四卦重新排列而画成的一圆一方的
卦图。莱布尼茨收到信后，对图中卦的数学排列顺序仔细
研究，发现此图与他在1679年发明的二进制吻合无间。此
亦为中西文化交流史上的一则佳话。

白晋从欧洲返回中国后，又奉康熙皇帝之旨研究《易
经》。康熙皇帝问白晋有没有其他的西洋人能协助他释
"易"，当白晋奏道江西有此能人时，康熙皇帝即令将此
人带至北京协助白晋，此人便是法国传教士傅圣泽（Jean
Francoise Foucquet）。

白晋《康熙传》书影

北京正福寺传教士墓地的白晋墓碑　　白晋墓碑碑文

　　白晋等人对《易经》的研究，在耶稣会士中形成了一个"索隐派"。这一派除了白晋外，还有马若瑟、傅圣泽、郭中传（Jean Alexis de Gollet）等人。"索隐主义可以被描述为这4名法国耶稣会士想从中国经典中发现《旧约》人物的一种尝试。"①索隐派接受中国人对《易经》的看法，相信它是中国最古老的最重要的经籍，因而寻找基督教的奥义要从《易经》入手。白晋认为，中国的古代经典所表述的思想不仅与基督教教义相吻合，而且是基督

A　[美]魏若望著，吴莉苇译：《耶稣会士傅圣泽神甫传：索隐派思想在中国及欧洲》，大象出版社2006年版，第135页。

教最古老的文字记载，从这些记载中，人们不但可以悟出基督教教义，而且还可以找到后来记载在《圣经》中的故事和人物；之所以如此，是因为中国的经籍包含着两层意义，即表层的意义和深层的意义，表层的意义是中国人所理解的字面的意义，深层的意义则为中国人所不了解，只有深刻理解基督教教义，信奉基督教，并对《圣经》极为熟悉的人才能发现和理解。为此，他认为《易经》是诸多中国古典经籍中最重要最有价值的一种。基督教的一切奥秘、基督教神学的一切教义和基督教伦理的一切箴言，都可以在《易经》和另外一些中国古典经籍中找到。白晋这一派在耶稣会中是少数人，他们以《易经》作为思想基础，被称为"唯经主义者"或"易经主义者"。

在耶稣会士中，白晋等人的观点只是少数人的意见，并不为其他传教士所赞成。但是，正如美国学者魏若望（John W. Witek S.J.）指出的："索隐主义虽是少数派观点，但却成为在中国和在欧洲的西方人致力于以比较的眼光来理解中西两种文化的触媒。"①

---

① [美]魏若望著，吴莉苇译：《耶稣会士傅圣泽神甫传：索隐派思想在中国及欧洲》，大象出版社2006年版，第135页。

■ 传教士书信著作里的中国

在200年的传教事业中，来华传教士持续书写了大量的书信、报告、著作，在欧洲各国出版和流传，对欧洲人了解和认识中国具有不可估量的意义。

书信是当时传教士的一种主要书写文体。传教士远离故国，背井离乡，虽然当时的交通极为不便，所有的信件都要通过固定往返中欧之间的商船运送，一封从中国发出的信到收信人手里往往需要一两年的时间，但是，这些传教士仍然写了大量的书信，其中有给亲属的，有给欧洲教会组织及教会内朋友的，还有许多是与学术界知名学者的通信，向他们介绍他们所关心的、有关中国文化的种种问题，涉及中国的版图、物产、科学技术、制度、风俗、历史、宗教等方方面面。

传教士的书简在欧洲知识界广泛传播，受到了前所未有的欢迎。"这些书简是如同一种真正的、客观的和几乎是天真的编年史而出现的，它使大众们产生了一种阅读他们所喜欢的文献之一的感觉。"①

到18世纪，法国的耶稣会士编辑出版了《耶稣会士书简集》，引起了广泛的关注和热烈的反响。《耶稣会士书简集》共34卷，其中包括144封来自中国的书信与报告，绝大多数是出自法国耶稣会士之手。它们以通信的形式，将传教士观察所得的中国政治制度、风俗习惯、历史地理、哲学思想、工商情况等详加报告。《耶稣会士书简集》成为18世纪及至以后许多汉学家和对中国文化感兴趣的人们的资料来源。在那个时代，"整个欧洲有文化的人都曾读过这部好奇多于教益的《书简集》"②。

耶稣会士杜赫德（Jean Baptiste du Halde）在多年主编《耶稣会士书简集》的基础上，进一步根据海外传教士的报告、书信、著述和笔记中的有关材料整理辑纂，编写而成《中华帝国全志》这样一部综合性著作。全书分4卷，初版时对开本2500多页。在这样巨大的篇幅中，作者分述中国的地理、历史、政治、宗教、经济、民俗、特产、教育、科技、文学等等，又节译了"四书""五

---

① [法]伊莎贝尔·席微叶、约翰–路易·席微叶：《入华耶稣会士和中西文化交流》，[法]安田朴、谢和耐等著，耿昇译：《明清间入华耶稣会士和中西文化交流》，巴蜀书社1993年版，第15页。

② [法]佩雷菲特著，王国卿、毛凤支等译：《停滞的帝国——两个世界的撞击》，生活·读书·新知三联书店1993年版，第149页。

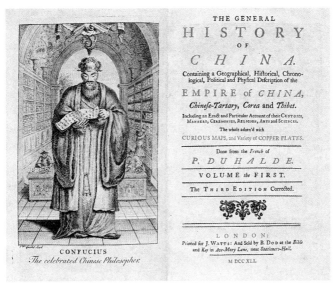

THE GENERAL
HISTORY
OF
CHINA.

Containing a Geographical, Historical, Chrono-
logical, Political and Physical Description of the

EMPIRE of CHINA,
Chinese-Tartary, Corea and Thibet.

Including an Exact and Particular Account of their CUSTOMS,
MANNERS, CEREMONIES, RELIGION, ARTS and SCIENCES.

The whole adorn'd with
CURIOUS MAPS, and Variety of COPPER PLATES.

Done from the French of
P. DU HALDE.

VOLUME the FIRST.

The THIRD EDITION Corrected.

LONDON:
Printed for J. WATTS: And Sold by B. DOD at the Bible
and Key in Ave-Mary Lane, near Stationers-Hall.

M DCC XLI.

CONFUCIUS
The celebrated Chinese Philosopher.

《中华帝国全志》书影

经"、诏令奏章、戏曲、小说以及医卜星相之书。杜赫德
综合耶稣会士对孔子和儒家思想的介绍和研究，对孔子思
想作了概括性的介绍，还将孔子与古希腊哲学家泰勒斯、
毕达哥拉斯和苏格拉底相比较，称孔子的声誉随时间之流
逝而越发显赫，达到了人类智慧所能企及之顶峰。他认为
孔子超越了这3位几乎与他同时代的古希腊智者，原因是孔
子并不是像他们那样试图解释自然的奥秘，或穷究世界的
起因，而只是致力于人类道德经验的宣传。

　　杜赫德的著作标志着法国乃至欧洲人在认识中国的历
史上进入到一个新的阶段，"是对18世纪上半叶西方流行

《中华帝国全志》中描绘中国官员出行阵势的插图

的中国见闻的一个真正总结"①。

在这200年间，传教士撰写了大量介绍和研究中国文化各个方面的著作，包括一些全景式的描述性著作和专题研究著作。这些作品向欧洲传递了中国的形象，是欧洲人获取中国知识的首要来源。欧洲学者许多论述中国的书籍，是以这些著作材料为基础而进行写作的。统计资料显示，在17—18世纪，在华耶稣会士撰写的关于中国的著作有700多部，其中刊发的作品有500多部，包括文学、医药、艺术、哲学、社会生活、礼仪、语言、译文、时事、科学、历史、地理、天文历算等等。

传教士为中华文化的广泛西传建立了不朽的功绩。正是他们，通过一部部著作、一封封长信、一幅幅图画，将古老中国的文化传播到欧洲，使欧洲人建立了完整的中国知识谱系。伏尔泰说道："耶稣会教士是最先介绍中国情形介绍得最好的人。"②可以说，17、18世纪欧洲人塑造的中国形象方面，耶稣会士起到了决定性的作用。法国汉学家安田朴（Rene Etiemble）指出："培尔、孟德斯鸠、伏尔泰和杜尔阁这些18世纪的作家可能不大了解在中

---

① ［美］马森著，杨德山译：《西方的中国及中国人观念（1840-1876）》，中华书局2006年版，第6页。

② ［法］伏尔泰著，王燕生译：《哲学辞典》上册，商务印书馆1991年版，第321页。

国所发生或所思考的事。当时我们之中没有任何人或很少有人懂得汉语，因而我们的史学家和哲学家都要依靠多明我会士或方济各会士，尤其是要依靠耶稣会士以及他们那感化人的和具有好奇性的书简、论著与译著。"①

---

① [法]安田朴著，耿昇译：《中国文化西传欧洲史》，商务印书馆2000年版，第204页。

启蒙运动的守护神

孔夫子是18世纪启蒙运动的守护神，他的教导是整个启蒙运动朴实无华的福音，把东方时尚带到西方。

——赖克韦恩

■ "礼仪之争"掀起孔子热

利玛窦等人为在中国顺利传教，采取了"合儒"的传教策略，利用儒家经典的某些思想附会基督教的教义，同时尊重中国人的民间文化习俗和礼仪。中国人信奉天主教，并不影响他们祭祖、祭天和祭孔等礼仪活动。从天主教在中国的传教史来看，利玛窦贯彻执行的"文化适应策略"是切合当时传教需求的。

但是，1610年利玛窦去世后，这种传教策略就引起了争论。之后，进一步发展成为"礼仪之争"。这场持续了近百年的"礼仪之争"，对天主教在中国的传播，对中西文化交流史，都具有重大而深远的影响。所以，方豪说："'礼仪问题'是中国天主教史上一大事。"①许倬云则说："'礼仪之争'可为世界史文化冲突的显著案例。"②

① 方豪：《中国天主教史人物传》，宗教文化出版社2007年版，第69页。
② 许倬云：《万古江河——中国历史文化的转折与开展》，上海文艺出版社2006年版，第298页。

所谓"礼仪之争",是从17世纪中叶到18世纪中叶在中国的传教士之间及传教士与罗马教廷之间展开的有关中国传统祭祀礼仪性质的讨论。"礼仪之争"包含两个方面的问题,一是在中文中选用什么词汇来表达基督教的"神"的概念,二是如何处理中国基督徒的祭祖祭孔礼仪。其中关键问题是:按基督教教义,在中国士大夫和民间流行的祭孔祀天礼仪是否属于异端?教会能否对已经皈依天主教,并参加教堂生活的中国基督徒的祭祖祭孔习惯予以容忍?

白晋在回顾"礼仪之争"时指出:"中国开教始祖利玛窦最初在中国传教时,一看到中国人的祖先观念和儒家思想,就知道这两种思想是深植在中国人心而牢不可破的。因此,他认为传教士如果不承认中国的固有思想,就绝对收不到传布天主教的效果。……然而远在耶稣会之后来中国传教的道明会和外方传教会却不这样。他们由于信念和派别的差异,因此嫉视耶稣会在中国的成功。他们首先指责耶稣会士允许中国教徒祭祀祖先之位和崇拜偶像。其次他们说汉语里的'天',是物质的天——苍天的意思,决不能代表天主教的'天主'。"[1]

"礼仪之争"在法国被称为"中国人事件",成为全

---

① [法]白晋著,冯作民译:《清康乾两帝与天主教传教史》,台北光启出版社1966年版,第38页。

体欧洲公众感兴趣的事件，在欧洲引起的争论持续约100年之久。耶稣会的传教士以及反对他们的那些修会的传教士，纷纷在欧洲发表文章和著作。出版社源源不断地出版各种支持或反对耶稣会士的著作和小册子，报纸杂志纷纷发表关于"礼仪之争"的文章和评论，大学举行关于"礼仪之争"的讨论会和辩论会。总之，礼仪问题成为当时的时髦话题，一时间沸沸扬扬，成为舆论的焦点。据统计，在此期间有关这次争论的书籍共262部，没有出版的日记、文书还有好几百部。①

这一时期乃至以后近百年，许多欧洲杰出的思想家，如伏尔泰、圣西门、孟德斯鸠、莱布尼茨、沃尔夫，以及稍后的康德、黑格尔、谢林等，都热心地关注这场争论，发表看法。伏尔泰指出："我们在本国宗教的若干问题上争论了1700年。但是，这并不足以使我们心神不安。还需要中国的宗教掺入到我们的争吵，才能达到这个程度。这场争论并没有引起很大的动乱。但是，在我国到处占主导地位的那种积极活跃、嗜争好讼、喜欢争吵的特性，却没有一次争论比这次争论把它显示得更加清楚明白。"②

---

① 参见许明龙：《欧洲十八世纪中国热》，外语教学研究出版社2007年版，第47页。

② [法]伏尔泰著，吴模信、沈怀洁、梁守锵译，吴模信校：《路易十四时代》，商务印书馆1982年版，第564页。

　　"礼仪之争"引起了人们对中国的广泛关注。中国的礼仪问题在欧洲成为街谈巷议,与当时弥漫欧洲大陆的"中国风"相契合。由此引发的对中国的关注,不仅仅是物质层面,而且进入到深层次的精神文化的层面,深入到中国思想的层面。这样,中国文化就作为一个完整的整体形象出现在欧洲人面前。谈论中国的时髦话题,不仅有传奇的东方故事,充满时尚风情的异国情调,还有中国的思想、中国的孔夫子以及中国的各种民间风俗。如果说,物质文化和艺术文化层面的"中国风"引发了人们对中国的向往和热情,那么,由"礼仪之争"引起的对中国文化的兴趣则更调动了人们的思考。正是由于"礼仪之争",欧洲的思想文化界大规模地介入对中国文化的关注和研究。或者说,"礼仪之争"为欧洲人打开了一扇认识中国的窗户。法国汉学家安田朴指出:"无论是冉森会士还是耶稣会士,是怀疑论者还是笛卡尔派学者,任何在1700年左右积极思索问题的人都不可避免地要想到中国,要思考有关中国的问题。"[①]

　　当时欧洲学术界的许多哲学家和思想家都卷入到这场争论中,或者受到这场争论的激励和启发。因争论而引发的思考,延伸成为许多启蒙思想家思想的重要部分。比如

---

① [法]安田朴著,耿昇译:《中国文化西传欧洲史》,商务印书馆2000年版,第345页。

伏尔泰关于中国文明的看法，多是在参与"礼仪之争"的讨论中形成的。

因此，"礼仪之争"在欧洲激发了中国儒家思想研究风潮，进而发展成为对中国百家学说的探讨。

我们看到，正是在"礼仪之争"期间和以后，孔子等人的儒家经典纷纷被耶稣会士翻译成欧洲文字出版，同时还发表了一系列专门的研究著作，孔子的思想进入到欧洲思想家的视野，成为他们反复研究思考的对象。正如我国学者朱谦之指出的："这一百年间关于中国礼仪的争论，实即中国思想输入欧洲之一个良好的时机。罗马教皇所认为异端之孔子，不幸因耶稣会的翻译，而竟将此'异端'的学说介绍与欧洲，由我们现在看来，幸而有此'异端'的学说，才能给欧洲思想界以一大刺激，给欧洲思想界以'反基督教''反神学''反宗教'之哲学的影响，因而促进了欧洲之'哲学时代'。"①

---

① 朱谦之：《中国哲学对欧洲的影响》，上海人民出版社2006年版，第138页。

■ 启蒙运动中的孔子

　　通过耶稣会士译介的儒家经典，特别是《中国哲学家孔子》的出版，以及"礼仪之争"的推波助澜，孔子走进了欧洲思想家的视野。更为重要的是，孔子及其儒家思想成为启蒙运动的一种重要思想之源。

　　孔子走进欧洲哲学的视野，恰逢其时，正好与欧洲轰轰烈烈的启蒙运动相遇。这是一次伟大的文化相遇，是世界文化史上一个重大的文化事件。美国汉学家顾立雅（Herrlee Glessner Creel）指出："众所周知，哲学的启蒙运动开始时，孔子已经成为欧洲的名人。一大批哲学家包括莱布尼茨、沃尔夫、伏尔泰，以及一些政治家和文人，都用孔子的名字和思想来推动他们的主张，而在此进程中他们本人亦受到了教育和影响。法国和英国的实情是，中国在儒学的推动之下，早就彻底废除了世袭贵族政治，现在儒学又成为攻击这两个国家的世袭特权的武器。在欧洲在以法国大革命为背景的民主理想的发展中，孔子哲学起了相当重要的作用。通过法国思想，它又间接地影

欧洲人书籍上的孔子像，仿南宋李公麟绘像

孔子像，选自钱德明和韩国英神父的《中国杂纂》第13卷的版画

响了美国民主的发展。"①

　　中华文化在欧洲的大规模传播，给欧洲思想界以强烈的刺激和震动，引起了各国思想家对中华文化广泛而热烈的兴趣。他们对中华文化，特别是西传的中国孔子思想进行了不同程度的了解和研究，发表了许多关于中华文化的议论和评论。这些议论和评论，是他们站在自己的文化基线上，对一种过去他们不了解、不熟悉的而又属于完全异质性的文化所做的"诠释"和"解读"，是对从远方传来的中国精神和中国思想的"理解"和"接受"，也是对中华文化大规模冲击的"回应"。

　　发生在18世纪以法国为中心并波及几乎全西欧的启蒙运动，是人类历史上一次伟大的文化革命，是一场波澜壮阔的思想解放运动。启蒙运动的主题是以理性主义为旗帜，对基督教神学世界观以及整个封建专制主义意识形态进行无情的、摧毁性的批判，为行将到来的法国大革命做出思想上和理论上的准备。启蒙运动几乎延续了一个世纪，涌现出一大批启蒙思想家，创造了法国历史上一个光辉灿烂的时代，即"启蒙时代"。

　　启蒙思想家首先是一批社会批判家和改革者。在批判旧制度的同时，他们也在探索建立新制度的模式和途径，

①　[美]顾立雅著，高专诚译：《孔子与中国之道——现代欧美人士看孔子》，山西人民出版社1992年版，第7页。

提出了种种社会改造的方案，憧憬建立理性和永恒正义的
王国。此时，遥远的中国成为他们一个理想的典范。在传
教士、商人和旅行家大量的报道中，中国常常被描绘成这
样一个国家：一片繁荣富庶，安定和平，人民安居乐业，
讲究道德，彬彬有礼，充满智慧、文明、和谐的气氛。他
们特别赞美中国的制度，认为它是稳定与经久不衰的保证。

　　在当时关于中国的报道中，中国几乎成为一个"天堂
般的地方"，与破败凋零、危机四伏的欧洲形成了鲜明的
对照。安田朴指出："中国思想的发现为欧洲，尤其是为
法国的任何梦寐以求地想使其国摆脱暴政和修道院生活的
人都提供了一些论据。因为，中国确实存在着一种丰富多
彩的、最为兴旺发达和最为精美雅致的文明。"①

　　启蒙思想家在中国看到了一个由哲人和哲人主治理
的崇尚道德的理性国度，中国成了启蒙思想家心目中的
"理想王国"。对当时的欧洲人来说，中国就是一个他们
所向往的理想之乡、乌托邦。正如英国学者雷蒙·道森
（Raymond Dawson）所说："对18世纪的许多欧洲人来
说，中国是他们梦想中的国度，尤其是因为能够亲临那里
一睹实情、从而能从梦中醒转过来的人没有几个。中国不
是一种现实，而是一种模式，或者说是一种乌托邦。在受

---

① [法]安田朴著，耿昇译：《中国文化西传欧洲史》，商务印书馆
　　2000年版，第470页。

压迫和贫穷的欧洲人的想象中，她是一个神的国度，而不是历史不长的美洲。"①

中国这个典范还对启蒙思想家的社会改革方案起到示范作用。例如伏尔泰和魁奈都大力赞赏中国的专制制度，认为这是一种"开明君主"制度，主张以中国为榜样，在法国也实行这样的开明君主制。中国的重农主义经济政策、单一农业税制、教育和科举制度、设置谏官、兴修水利、德治主义等等，都受到启蒙思想家的赞扬和推崇，并希望从中国的政治文化中吸取实际的经验和智慧。法国汉学家戴密微（Paul Demiéville）指出："中国是为法国大革命作了思想准备的'启蒙哲学'的主要源泉之一。"②

理性主义是启蒙思想家的一面旗帜。区分"理性"与"信仰"，并且用理性主义批判蒙昧主义和信仰主义，是18世纪启蒙思想家的主要特征。不仅如此，"理性"还成了他们的基本思想原则，成了他们检验和衡量一切的真理标准和价值尺度。启蒙运动崇尚理性的精神，据许多研究者认为，至少部分源于中国。例如方豪就认为，"此运动

① [英]雷蒙·道森著，常绍民、明毅译：《中国变色龙——对于欧洲中国文明观的分析》，中华书局2006年版，第72页。
B [法]戴密微著，耿昇译：《中国与欧洲早期的哲学交流》，《国际汉学》第7辑，大象出版社2002年版，第60页。

之来源，中国实多于希腊"①。当然，古希腊的哲学传统，以及近代自然科学的发展，都是启蒙运动的思想源泉。至于中华文化的影响，更可能的情况是，中国儒家思想学说被启蒙思想家作了诸种理性主义的理解和解释，并从中选择了某些成分，充作理性主义的思想材料。不论是哪种情况，在启蒙思想家大力张扬的理性主义旗帜上，确实带有明显的中国儒家文化的印记。

以儒家思想为核心的中国传统精神文化，是一种非宗教性的以人为本位的伦理型文化。儒家学派对中国宗法制度下的人际关系进行了理论上的概括与总结，形成了一套完整的伦理道德观念和理论体系，构成中华文化意识形态系统的核心。中国传统伦理学是世界诸文化体系中最完备的伦理学之一。当中华文化传入以基督教神学为统治意识形态的、神本主义的欧洲时，欧洲人在宗教神学的权威之外看到了另外一种权威的存在，即伦理道德的权威。他们发现，中华文化中的伦理道德权威，不是来自"上帝"的启示，而是来自一个人自身的"良知"与"良能"的启示。正是这样的发现，使启蒙思想家从传入欧洲的中华文化中，似乎看到了批判基督教神学的理性之光，找到了摧毁基督教神学权威的思想武器。

---

① 方豪：《中西交通史》下册，上海人民出版社2008年版，第733页。

德国学者利奇温（Adolf Reichwein）在分析中国儒家思想在启蒙运动中的影响时指出："孔子成了18世纪启蒙时代的保护神……18世纪的整个前半叶，孔子又成为欧洲的兴趣中心。"①美国学者赖克韦恩（Adolf Reichwein）也曾指出：对启蒙思想家而言，"孔夫子是18世纪启蒙运动的守护神，他的教导是整个启蒙运动朴实无华的福音，把东方时尚带到西方"②。

在中西文化交流史上，启蒙时代是一个重要的历史时期。历史提供了一个难得的机遇，使中华文化在西方文化转型的关键时刻走进了西方，从而为启蒙思想家的理智活动，为西方新文化的创造和发展发挥了重要的作用。由于启蒙运动在世界文化史上的重要作用和地位，因此也可以说，中华民族的文化创造、孔子的儒家思想学说，也通过启蒙运动在这一时刻间接地参与了世界文化历史的进程。

① [德]利奇温著，朱杰勤译：《十八世纪中国与欧洲文化的接触》，商务印书馆1962年版，第68页。
② 转引自[美]Th.H.康著，衣俊卿译：《西方儒学研究文献的回顾与展望》，《国外社会科学》1990年第10期，第55页。

■ 莱布尼茨：把金苹果送给中国人

从17世纪中期开始，经由入华耶稣会士的传播，中华文化进入了欧洲思想家的视野，成为他们时常谈论的话题。他们以哲人的睿智和敏感，发表了至今看来仍然可能还有启发价值的对中华文化的种种评论。但是，真正充分"认识中国文化对于西方文化发展的重要性，莱布尼茨实为第一人"①。或者说，在当时的欧洲知识界，他是"以最大的顽强精神持之以恒地关心中国的人"②。

莱布尼茨（Gottfried Wilhelm Leibniz）是17世纪末18世纪初德国最重要的哲学家，历史上少有的渊博学者和科学巨匠。莱布尼茨在年轻的时候就对中华文化有所接触，在此后的一生中他似乎与中国和中华文化结下了不解之缘。1676年他在汉诺威图书馆任职期间，已经开始研究

---

① [德]利奇温著，朱杰勤译：《十八世纪中国与欧洲文化的接触》，商务印书馆1962年版，第69页。
② [法]维吉尔·毕诺著，耿昇译：《中国对法国哲学思想形成的影响》，商务印书馆2000年版，第385页。

孔子学说。1687年柏应理的《中国哲学家孔子》一书出版不久，莱布尼茨便仔细阅读过。他在一封信中说道："你的教友柏应理，这个极杰出的人物已经开始向我们介绍了一些真实的中国历史。不过，他这样做使得我们的求知欲望非但没有得到满足，反而进一步地受到了激发。"①

莱布尼茨

1689年，莱布尼茨访问罗马时，遇见了刚从中国回来的耶稣会士闵明我（Pilippus Maria Gramaldi），对他以后关于中国的兴趣和研究有着决定性的影响。莱布尼茨在罗马逗留了一年多的时间。在此期间，他与闵明我过从甚密，特别是在这年的7—8月，他们经常见面晤谈。莱布尼茨特别渴望利用这个机会了解中国，闵明我也十分热心地以自己的亲身经历向莱布尼茨介绍有关中国的情况。他向莱布尼茨介绍了耶稣会士在中国传教的情况、清朝政府的态度、中国的

① [德]莱布尼茨：《致闵明我的两封信》，夏瑞春编，陈爱政等译：《德国思想家论中国》，江苏人民出版社1989年版，第23页。

典籍、民间的习俗礼仪以及中国的文字等等，还对康熙皇帝大加赞赏，赞美康熙皇帝的仁慈和智慧。

除了与闵明我的往来之外，莱布尼茨终其一生与许多耶稣会士保持经常的接触，他非常珍视与耶稣会士的通信联系，迫切地希望从他们那里获得更多的有关中国的知识和材料。

1697年，莱布尼茨编纂出版了《中国近事》一书。莱布尼茨撰写的序言部分集中表达了他对中华文化的看法，充分论证了中华文化对于激励和促进欧洲文化发展的重要意义。另外有6个附录，收录了在华耶稣会士关于当时中国以及关于中国与俄国之间关系的报告和信件，是当时欧洲人了解中国的一个很具参考价值的文献。他说，他的这部著作展示的是耶稣会士在北京的传教事业以及有关中国文化习俗的一些报告。

《中国近事》一经出版，就在欧洲学术界受到了重视，产生了很大的影响。

直到晚年，莱布尼茨还对中国情有独钟。1715年4月1日，即他去世的前一年，他给当时法国摄政顾问德·雷蒙（M. de Remonde）写了一封《论中国哲学》的长信，全面阐述了他对中国哲学的看法。莱布尼茨一生一直关注着中国、欧洲与中国的文化交流以及欧洲人特别是其中的传教士在中国的活动。几乎每年，甚至每月都能找到他或多或少论述中国的文字资料。

在莱布尼茨关于中国的评论中，充满了赞誉和仰慕。他在中国发现了一片崭新的文化天地，他漫游于其中并且常常流连忘返，情不自禁。莱布尼茨在欧洲文化和中华文化之间进行比较，认为欧洲与中国在许多方面的发展水平是不相上下的。他说，中国这一文明古国在人口数量上早已超过欧洲，在很多方面，他们与欧洲各有千秋，在几乎对等的竞争中，二者各有所长。"如果说我们在手工技能上与他们不分上下、在理论科学方面超过他们的话，那么，在实践哲学方面，即在人类生活及日常风俗的伦理道德和政治学说方面，我不得不汗颜地承认他们远胜于我们。"①

莱布尼茨分析了中国是如何完美地致力于谋求社会的和平与监理人与人相处的秩序的。他指出，较之其他国民，中国人是具有良好规范的民族，他们对公共安全以及共同生活的准则考虑得非常周到。他们极为尊长，尊重老人，彼此之间也都互相尊重，礼貌周全，相敬如宾。在中国，不论邻里之间，还是自家人内部，人们都恪守习惯，保持着一种礼貌。莱布尼茨特别提到了康熙皇帝，说他尽管高高地居于万人之上，却极为遵守道德

---

① ［德］莱布尼茨著，杨宝筠译：《中国近事——为了照亮我们这个时代的历史》，大象出版社2005年版，第2页。

规范，礼贤下士，具有言行公正、对人民仁爱备至、生活节俭自制等美德。

"如果推举一位智者来评判哪个民族最杰出，而不是评判哪个女神最美貌，那么他将会把金苹果交给中国人。"①

莱布尼茨对中国人的道德生活极为推崇，认为中国人可以对其他民族起到典范作用。"肯定无疑的是，中华帝国之大，本身决定了它的重要性；作为东方最聪明的民族，中华帝国的声望是卓越的，其影响被其他民族视为表率。"②在他看来，中国的道德和政治，是以儒学为中心的仁政德治模式和以"礼"为调和剂的社会关系原则。在他的理性主义眼光的审视下，中国社会正是一个由"理性"创造的和谐王国，正是他孜孜以求而不可得的"大和谐"理想的体现。他认为欧洲社会道德败坏，灾难深重，向中国学习是摆脱现实苦难、建立和谐社会的一条出路。中国儒学仁政德治模式为欧洲社会的现实带来了理想之光。他说："我觉得鉴于我们目前面对的空前的道德没落状况，似乎有必要请中国的传教士到欧洲给我们传授如何应用与实践自然神学，就像我们的

---

① [德]莱布尼茨著，杨宝筠译：《中国近事——为了照亮我们这个时代的历史》，大象出版社2005年版，第6页。

② [德]莱布尼茨著，杨宝筠译：《中国近事——为了照亮我们这个时代的历史》，大象出版社2005年版，第13页。

传教士向他们传授启示神学一样。"①

　　莱布尼茨说，我们发现了中华民族，它使我们觉醒了。他充分认识中华文化的传入对于欧洲文化发展的重大意义，他指出欧洲与东方文明古国中国的相遇给欧洲带来的不仅仅是传播基督教福音的机会。他自始至终试图把不同领域不同文化的知识综合为一个精神的、沟通文化界限的全球性的综合体，并且一再呼吁欧洲与中国之间进行知识交流，以便二者互利达到共赢。因此，他主张大力加强和中华文化的交流。莱布尼茨给闵明我的信中说："相隔遥远的民族，相互之间应建立一种交流认识的新型关系"，"交流我们各自的才能，共同点燃我们智慧之灯"。②莱布尼茨认为"东方和西方的关系是具有统一世界的重要性的媒介"③。他也许已经意识到，中国和欧洲两大文明的接触、交流和互相吸收、融合，将对整个世界文化格局的变迁和发展、对全人类文明的历史性进步都会产生意义深远的重大影响。

　　罗素（Bertrand Russell）说莱布尼茨是"一个千古

---

① 　[德]莱布尼茨著，杨宝筠译：《中国近事——为了照亮我们这个时代的历史》，大象出版社2005年版，第6页。

② 　[德]莱布尼茨：《致闵明我的两封信》，夏瑞春编，陈爱政等译：《德国思想家论中国》，江苏人民出版社1989年版，第21-22页。

③ 　[德]利奇温著，朱杰勤译：《十八世纪中国与欧洲文化的接触》，商务印书馆1962年版，第74页。

绝伦的大智者"①。由于莱布尼茨是一位百科全书式的人物，由于他在世界文化史上所占有的重要地位，所以他接受中华文化影响的意义就不仅仅在于他个人的学术生涯和思想发展，而是经过他的传播，经过他的理解和解读，把这种影响延伸到历史之中，甚至延伸到我们今天的生活中。莱布尼茨对中国社会礼治秩序和道德生活充满激情的赞誉，直接影响到法国启蒙思想家对中华文化的理解，并引申为对欧洲封建专制主义和宗教神学的批判。

---

① [英]罗素著，马元德译：《西方哲学史》下卷，商务印书馆1976年版，第106页。

■ 沃尔夫论孔子的道德哲学

　　莱布尼茨的学生沃尔夫（Christian wolff）是莱布尼茨理性主义哲学的继承者。1707年，经莱布尼茨的介绍，沃尔夫得到哈雷大学的教授职位，讲授哲学、数学和物理学课程。沃尔夫把莱布尼茨的理论系统化，建立起一种彻底的形而上学体系。这个被称为"莱布尼茨—沃尔夫哲学"的体系一度统治了德国乃至欧洲大学的哲学讲坛。康德（Immanuel Kant）前期也是这种哲学体系的信奉者。后来康德说休谟（David Hume）的怀疑主义打破了他的"独断主义"的"迷梦"，即指摆脱了"莱布尼茨—沃尔夫哲学"的影响。

沃尔夫

　　沃尔夫也继承了莱布

尼茨对中华文化和中国哲学的浓厚兴趣，并对中国哲学有较多的了解。他没有像莱布尼茨那样与耶稣会士有广泛的交往，他对中国的了解主要是通过阅读耶稣会士的著作，特别是卫方济和柏应理的著作，他还为卫方济的著作写过书评。1721年4月，他在《关于人类社会生活的理性观念》的序言中说："从最古远的时代开始，中国人就对统治的艺术倾注巨大精力；然而，我通过偶尔审验他们的作品而设法确定的是，他们的学说与我自己的和谐一致……也许我某天应该找个机会把中国人的道德和政治学说组织成一个科学的形式，这将清楚地展现他们的与我的学说间的一致。"①

1721年7月12日，沃尔夫在哈雷大学发表了《关于中国道德学的演讲》，盛赞孔子的道德学说，认为孔子的学说与基督教的道德并无冲突。这种看法说不上是独创，因为当时有不少耶稣会士都持有相同或相似的看法。不过，沃尔夫所在的哈雷大学是新教的势力范围，还不能接受和容忍他的这种观点。于是，在沃尔夫发表演讲之后，哈雷大学神学部的教授立即开会，对沃尔夫演讲指出27条谬误之处，并当面质询。学校当局还报告给普鲁士国王腓特烈·威廉一世。1723年11月8日，国王下令解除沃尔夫哈

① 张国刚、吴莉苇：《启蒙时代欧洲的中国观──一个历史的巡礼与反思》，上海古籍出版社2006年版，第260页。

雷大学教授的职务，并勒令他在48小时之内离开哈雷大学
和普鲁士。这个处罚决定超出了沃尔夫反对者们的设想，
他们只是想阻止沃尔夫的教学活动，不准许他教数学以外
的课程。哈雷大学的校董会立即表示不服，但已经没有能
力更改国王的决定，从而演出了18世纪西方哲学史上颇不
光彩的一幕。

然而，迫害和放逐反而使沃尔夫声名鹊起，名声大
振。欧洲学术界一时沸沸扬扬，出版了200多种著作讨论
沃尔夫的学说，争论竟然持续了20年之久。瑞典国王、俄
国沙皇等纷纷向沃尔夫发来邀请，法国启蒙思想家则把沃
尔夫作为孔子及基督同列的殉道者。沃尔夫离开哈雷大学
之后，即被聘为马堡大学教授，在那工作了17年，他被认
为是马堡大学的"最光荣的时代"。

让我们回过头来介绍一下那篇给他带来是非的著名演
讲。从这篇演讲的题目就可以看出，沃尔夫在这里主要是讨
论中国的道德学说。在沃尔夫的哲学体系中，道德问题是主
要部分之一。他从理性主义的立场出发，提出一种所谓"完
全论"，主张人生的目的在于奋勉精进，成为完人。他也正
是以这样的理论出发点来讨论中国的道德学说的。从这篇演
讲中我们得知，沃尔夫曾经仔细研读过传教士卫方济于1711
年在布拉格印行的《中国六经》一书。沃尔夫说："在这本

书里，我们可以发现中国哲学的真正基础。"①沃尔夫的这篇著名演讲，就是以这样两个方面为基础展开的：他主要是通过卫方济的中国经书译本了解中国儒家学说；他本人的哲学为他理解儒家学说做了准备。德国学者利奇温指出："沃尔夫的演词，除了作为宗教史上的一种文献外，有一个特殊的功绩，即根据卫方济的中国经书译本，对于中国儒家哲学第一次给予了充分的评价。沃尔夫采取真正的'启蒙'原则的立场，也是古代中国所根据的立场，认为品德的知识本身就导致道德的行为。"②

　　沃尔夫首先论述了中国的政治道德，认为中国人具有令人钦佩的智慧和治国才智，柏拉图理想国中所设想的"哲学王"在中国上古社会已经出现过，中国古代帝王本身就都是智者，而智者当道的国家，世道必盛，孔子的学说即发端于古代的君主。沃尔夫盛赞孔子说："即使不能把孔子看作是中国智慧的创始者，那么也应当把他视为中国智慧的复兴者。孔子的所作所为并非为了沽名钓誉，而是出于希望百姓幸福安康的爱。……如果我们把他看作是

① [德]沃尔夫：《关于中国道德学的演讲》，转引自[德]夏瑞春编，陈爱政等译：《德国思想家论中国》，江苏人民出版社1989年版，第38页。

② [德]利奇温著，朱杰勤译：《十八世纪中国与欧洲文化的接触》，商务印书馆1962年版，第76页。

上帝派给我们的一位先知和先生的话，那么中国人崇尚他的程度不亚于犹太人之于摩西，土耳其人之于穆罕默德，我们之于耶稣基督。"①

　　沃尔夫进一步探讨了中国道德学说的基础。他认为，哲学的真正基础就是与人类理性的自然性相一致的东西。那么，从这种观点来看，中国哲学便具有真实的基础，因为中国人认为，对于培养道德风尚，至关重要的因素是与人的理性相吻合，他们所做的每一件事情，其根据都在人的自然性中。中国人总是注意理性的完善的一面，这样他们就可以认识自身自然的力量，从而达到自然力量所能让他们达到的高度。他们效法以理智为本的大彻大悟的前师，前师很少过问如何避免偏见，而是崇尚理性的力量，研究如何将这种力量运用到对真理的探求上。

　　1730年，沃尔夫在马堡大学作了有关中国哲学的第二个讲演，题目是《论哲学王与治国哲人》，把中国表现为一个开明君主专制的杰出实例。这篇演讲当年就被译成英文在伦敦出版。沃尔夫在这篇演讲中，将中国古圣王当做历史人物，认为他们创造出来的教育制度酷似柏拉图《理想国》中的内容，并进一步分析了君主应有的资格与哲学

---

① 　[德]沃尔夫：《关于中国道德学的演讲》，转引自[德]夏瑞春编，陈爱政译：《德国思想家论中国》，江苏人民出版社1989年版，第31页。

思考对于行政管理的价值。沃尔夫像柏拉图那样断言，当一个团体"或者被哲学家所统治，或者所统治的是哲学家"，那么这个团体将幸福快乐。

　　沃尔夫在讲演中表示了对中国的道德学和政治学的钦佩，他认为，中国是关于哲学化政府的最有说服力的例子，中国最接近于他的理想。

被称为『孔夫子』的人们

中国人在思想、行为和情感方面几乎和我们一样，使我们很快就感到他们是我们的同类人，只是在他们那里一切都比我们这里更明朗更纯洁，也更合乎道德。

——歌德

■ 伏尔泰在中国发现新世界

经过耶稣会传教士的介绍与推崇、"礼仪之争"引起的波澜以及哲学家思想家的评论与赞誉，孔子在欧洲获得了巨大的声望，被誉为"启蒙运动的守护神"。同时，就像一个医生，如果被称为那个时代的希波克拉底（Hippcrates），就是给予最高的赞誉一样，如果认为哪一位思想家是那个时代最有智慧、最有学问的人，人们就称他为那个时代的"孔夫子"。

第一位被称为"欧洲的孔夫子"的是法国启蒙思想家伏尔泰。

法国是欧洲启蒙运动的中心。在法国启蒙思想家的阵营中，伏尔泰是一位最有影响力的领袖人物。伏尔泰的一生，几乎经历了法国启蒙运动历史发展的全过程。他创作了大量的戏剧、小说、诗篇、政论、历史著作以及大量书信，批判封建制度和基督教会，宣传启蒙思想，在人类文化和思想的历史进程中留下了深远的影响。他的著作和思想深刻地影响了一个时代，以至于人们将他生活过的18世

OFFERT
PAR
CLAUDE MARIE DAVI.
EN
CENT

伏尔泰半身雕像

纪称为"伏尔泰的世纪"。

伏尔泰和他那个时代的许多知识分子一样，对中国比较熟识，并且对远方的中国抱有很大的热情。伏尔泰早年曾在耶稣会办的学校中接受教育，耶稣会士所介绍的中国给他留下深刻的印象。"伏尔泰及其他百科全书派曾接受他们的启发，日后就把这种武器反转来攻击耶稣会士，这也是历史上的讽刺。伏尔泰是整个世纪内耶稣会士的最危险的敌人。"①

伏尔泰终其一生，始终保持着对中国文化的热情。在伏尔泰的一生中，有近80部作品、200余封书信中论及中国，涉及中国的政治、历史、宗教、哲学、科技、文艺、习俗等各个方面。伏尔泰把中国视为世界上最明智和最开化的文明民族。伏尔泰有一段著名的话："欧洲王公及商人们发现东方，追求的只是财富，而哲学家在东方发现了一个新的精神和物质的世界。"②

伏尔泰在中国发现了一个"新世界"，这个"新世界"具有的新的精神和新的文明，成为他致力于改造法国社会的政治理想，成为他极力赞赏和追捧的文化榜样。

---

① [德]利奇温著，朱杰勤译：《十八世纪中国与欧洲文化的接触》，商务印书馆1962年版，第78页。

② [德]利奇温著，朱杰勤译：《十八世纪中国与欧洲文化的接触》，商务印书馆1962年版，第79页。

在伏尔泰对中国的"发现"中，他最为注重的是儒家礼治秩序，是中国人的道德和法律。伏尔泰说中国人具有完备的道德哲学，它居于各科学问的首位，中国人的道德源于中华文化的理性原则。他赞赏中国人的道德与人心、人生相结合的主张。他说，西方民族的任何格言和教理都无法与此"纯粹道德"相比拟。他还认为，所有中华文化的优越和美好，都可以活生生地实体化，这就是孔子的思想和言行，孔子是中华文化的理性原则衍化为"纯粹道德"的最好体现者。"世界上曾有过的最幸福、最可敬的时代，就是奉行孔子的律法的时代。"①

伏尔泰对孔子极为推崇和赞颂。在《页边笔记》中，举凡涉及孔子儒学的著作，伏尔泰都做满了标记，画满了下划线。伏尔泰对儒家学说推崇备至，他曾将《论语》中的"己所不欲，勿施于人"视为每个人应遵守的座右铭。受其影响，法国大革命时期的《人权宣言》中曾出现这一格言。为了能向中国"哲学家之王"表达敬意，伏尔泰在他住宅的每一处都设了一间"孔子室"。伏尔泰认为，孔子的哲学是一整套完整的伦理学说，教人以德，使普遍的理性抑制人们利己的欲望，从而建立起和平与幸福的社会。伏尔泰从中国的历史发展中看到孔子儒家伦理精神的力量。

---

① [法]伏尔泰著，梁守锵译：《风俗论》上册，商务印书馆1997年版，第219页。

伏尔泰的《中国孤儿》1755年8月20日于巴黎大剧院上演时，演员勒干扮演成吉思汗。剧中称霸一时的成吉思汗，最后为崇高的道义所折服。艾什和惠尔凯的版画，巴黎大剧院图书馆藏

伏尔泰在读到传教士马若瑟的法译本《赵氏孤儿》后，给予了很高的评价，认为这是一部不朽的历史著作。伏尔泰在德国和腓特烈大帝不欢而散之后将《赵氏孤儿》改编为《中国孤儿》。在剧本题目之下，伏尔泰写上"根据孔子的教导，改编成的五幕剧"一行文字。剧中有战争，有爱情，有道德，但主要的是道德。他着重于剧中"臧棣"这一角色，他说："臧棣应当像是孔子的后裔，他的仪表应当跟孔子一个模样。"伏尔泰以《中国孤儿》来表达他对中国文化的观念，即孔夫子的无比卓越和中国人的道德，力图证明中华文明的伟大力量和它的巨大价值。这部剧以形象的方式说明，统治中国的王朝虽然会灭亡，但中国古老的文明却将永久地存在，它深深地扎根于人民之中，成为他们为民族献身的美德。1755年，伏尔泰改编的《中国孤儿》在巴黎法兰西剧院公演，盛极一时，几乎轰动了整个巴黎。

在政治上，伏尔泰主张开明君主制度或君主立宪制度，认为这是最好的政府形式。他从这种观点来看待中国的政治和法律制度，认为中国的政治制度不是专制政体，而是在法律限制下的君主政体。因为中国自古以来，君主一向受御史谏诤的限制，地方政府不能任意处死罪犯，必须经上级法庭受审直至京都的裁决。他认为中国人民对于政府的顺从，恰是一种美德，因为这种顺从出自于对皇帝或官员关心民意、体恤下情的敬意。

伏尔泰认为，中国道德与政治、法律的结合，即为中国式的德治主义，成了公正与仁爱的典范。他主张法国和欧洲其他国家应该引进中国的优良法律和道德。他说，我们曾把我们的神圣宗教带到中国去，然而没有成功，我们应该把他们的法律拿过来作为交换，但我们也许不懂得做这笔交易。伏尔泰推崇中国文化，有着直接的现实意义。他以中国为榜样，针砭时弊，要为法国的社会改造提供一条可行的道路。

伏尔泰对中华文化的推崇和宣扬，对孔子的敬仰与赞扬，为中华文化在法国乃至欧洲的传播起到了很大的推动作用。与此同时，人们也把他看做那个时代体现中华文化精神的一个符号性人物。1767年，有一位叫理查德（Reichard）的德国青年写信给伏尔泰，信中说道："您是欧洲的孔夫子，是世界上最伟大的哲学家。您的热情和天才，以及您的人道主义的行为，使您赢得了任何世人都不敢企盼的地位：您堪与古代最著名的伟人并列齐名……"①

---

① 孟华：《伏尔泰与孔子》，新华出版社1993年版，第15页。

■ 魁奈以中国为理想王国

　　18世纪50年代法国启蒙运动的高潮中，涌现出一个重要的经济学派别，即重农学派。这个学派的成员企图以经济改革的理论和实践，来挽救当时危机深重的法国社会，谋求向资本主义社会的过渡和发展。重农学派和启蒙运动有着密切的联系，或者可以说是启蒙运动的思想形式和思想内容在政治经济方面的表现。

　　魁奈（Francois Quesnay）因创立重农学派而在西方经济学说史上占有重要地位。有许多研究者指出，魁奈提出的重农主义思想受到中国学术思想的深刻影响，至少可以认为，中国学术思想是魁奈重农主义的思想渊源之一。

　　魁奈可能很早就对中华文化产生了兴趣。他曾担任过法国国王路易十五的宠妇庞巴杜夫人（Pompadour）的私人医生。这位庞巴杜夫人是当时"中国热"的推崇者。1749年魁奈以御医身份住进凡尔赛宫时，便已置身于当时法国追求中国趣味的潮流中心。在这种风尚的熏陶下，他曾于1756年通过庞巴杜夫人劝说路易十五模仿中国古代举行籍田典礼，10余年后，他又用中国皇帝亲耕这种形象劝说皇太子也就是后来的路易十六，促成皇太子在1768年举行的一次宫廷典礼上，亲手拿着用丝带装饰的耕犁模型在众人面前炫示，这个举动是想证明他对法国农民的同情以及他对农民为国家所作出的贡献的重视。这个举动在当时得到了画家和诗人们的赞颂，被称为对"重农主义"的流行性疯狂的一个贡献。

　　魁奈在移住凡尔赛宫后，有大量机会结识当时法国重要的哲学家和思想家，像狄德罗（Diderot）、达兰贝尔（D'Alembert）、爱尔维修（Helvetius）、孔狄亚克（Condillac）等，也因此更加熟悉法国的政治经济情况。当时路易十五推行重商主义政策，致使农民大量破产。社会舆论开始关心经济问题，尤其是谷物价格和赋税问题。正是在这样的背景下，魁奈开始研究经济学。在宫廷里，魁奈同许多经济学家经常见面，如米拉波（Victor Mirabeau）、迈尔西埃（Mercier）、博多

魁奈

（Baudeau Nicolas）、杜尔阁（Anne Robert Turgot）等，他们后来结成了经济学说史上有名的重农主义学派。

　　魁奈和整个重农学派都把中国作为他们心目中的理想王国。魁奈推崇古代中国的统治方式，同时把孔子作为他心目中的偶像，景仰备至，钦慕不已。魁奈本人则被他的弟子视为孔子事业的直接承继人，称他为"欧洲的孔子"。重农学派的成员博多在谈到魁奈的《经济表》时指出：这位"欧洲的孔子"已经发现了法国的基本秩序。

　　最能体现魁奈对中华文化有浓厚兴趣的是他晚年出版的关于中国的专论《中华帝国的专制制度》。这部著作被称为当时欧洲"崇尚中国运动的顶峰之作"①。

　　魁奈在这部著作中多次承认他的理论观点是参考了中国的范例。在这部著作中，他详细分析了中国的经济、政治和法律制度，并对这种制度给予了高度的赞扬。他以"专制"来总结中国的政治体制并不是要批评中国；相反，他以西方法律传统中的自然法思想为出发点，认为中国的专制是合于法律的，中国的法律自古便是逐步完善的，它以法律、道德、宗教、政权相结合为特点。中国的皇帝是按照自然秩序治国的典范，只有在中国才把自然规

---

① ［美］马弗里克：《〈中华帝国的专制制度〉英译本绪论》，［法］弗朗斯瓦·魁奈著，谈敏译：《中华帝国的专制制度》，商务印书馆1992年版，第2页。

律作为立法的基础和人们行为的最高准则，中国因此成为一个稳定而持久不变的政府的范例。

魁奈的政治理想是主张建立一种"开明君主制"，要求君主受"自然规律"的约束，遵循"自然秩序"，以保证君主利益和人民利益一致。他提供给法国社会的改良药方，就是依靠"开明君主"，实行自上而下的经济改革，把封建君主专制政体同资本主义生产方式的经济秩序结合为一体。

魁奈从他的这种政治理想和自然秩序论出发而特别瞩目于中国，特别瞩目于中国的君主专制制度。正如利奇温所分析的那样："对他的务实的心理来说，中国具有一种特殊的吸引力；因为就他所追求的事物而言，中国是一个活证，而且也可以由而证实'自然秩序'的观念是能够实现的，不，甚至指出了怎样实现的途径。"①

魁奈还详细研究了中国政治法律制度和行政管理的一些具体方面的问题，如中国的科举制度、谏议制度、文官内阁、司法程序、法律法规等等，并且主张法国在这些方面以中国为榜样。他试图通过总结中国的经验，来解决法国社会各种迫在眉睫的问题。因为在他的心目中，中国的"开明的"君主专制制度，正是欧洲应该致力达到的理想目标。

---

① [德]利奇温著，朱杰勤译：《十八世纪中国与欧洲文化的接触》，商务印书馆1962年版。第91页。

魁奈尤为赞赏孔子及其儒家思想。他专门以《孔子的简史》为题，撰写了有关孔子生平的概要。除了《孔子的简史》外，魁奈在其著作中许多地方流露出他对孔子的景仰和高度评价。

因此，对于魁奈和重农学派来说，似乎只有从中国古代哲学家那里，才能学到一切社会生活的基本原理。

■ 歌德的东方情怀

　　歌德（Johann Wolfgang von Goethe）生活在18世纪后半期至19世纪前期。他生活的这个时代，洛可可风格的文化意义已开始减退，但是，中国趣味和中国风格早已渗透到欧洲社会生活的各个角落，成为欧洲人日常生活方式的组成部分。歌德时代的欧洲仍然处于中国强大的文化影响之下。

歌德

　　歌德的父辈显然也受过"中国热"的影响。在美茵河畔法兰克福的歌德故居，二楼的主厅名字叫"北京厅"，厅中陈设着中国式的描金红漆家具，墙上挂着印有中国图案的蜡染壁帔。在同一层楼的音乐室里，摆着一架仿照中国家具风格制作的古老风琴，琴盖上绘有一幅典型的中国风景画：山水、杨柳、宝塔、垂钓，一派中国乡村的静谧气氛。可以说，歌德在少年时代就已经开始不自觉地受到中华文化的濡染。他在斯特拉斯堡求学时，又通过卢梭接触到了中国的哲学。

法兰克福的歌德故居

歌德故居内中国风的装饰

柏林附近的夏洛特堡中的瓷器室，鲁克·儒伯尔摄

但是，年轻时的歌德并不喜欢他周围的这些中国式的或洛可可式的东西。他多次以讽刺和批评的口吻谈到当时传到欧洲的中国艺术风格。他还曾对家中一些有涡卷形花饰的镜框加以指摘，对一些中国制造的壁纸加以讥评，结果引起父亲的不快。不过，不管是否喜欢，这种中国风的家居环境以及整个社会弥漫的中国风，成为他成长的一个潜移默化的背景。

1775年，歌德到了魏玛，接触和了解中华文化的机会增多了，对中华文化的看法也逐渐发生了变化。1776年，他搬进伊尔姆河畔的别墅时在园子里建了一所中国式的用苔藓盖的小屋，作为他体验安静与孤寂的"隐居处"。在歌德参与设计的魏玛公园中，也有中国式的拱桥和圆顶亭子。另外，歌德还收藏了不少中国的工艺品。

歌德在魏玛接触和研读了大量有关中国的文献。杜赫德的《中华帝国全志》在当时魏玛宫廷颇为流行。1781年8月，歌德动笔将《中华帝国全志》所载的《赵氏孤儿》故事改编成悲剧《哀兰伯诺》，这部悲剧几经修改，时辍时作，可惜最后仍未完成。

歌德曾阅读过卫方济的拉丁文译本《中国六经》，并通过大量接触中国文学作品和其他有关中国的文献，对儒家的伦理学说和思想有比较多的了解。这些都在歌德的思想和作品中留下了印记。

《威廉·迈斯特的漫游时代》是歌德晚年的一部重要作品，表达了一种改良社会现状的乌托邦理想。书中有一部分对"教育省"的描写。在"教育省"这一理想的人类社会制度下，自觉人格修养的因素得到发展，这种人格修养以集体主义为方向，目的在于进行共同的有益活动。歌德特别强调教育的优先地位，其最主要之点在于三种敬畏的学说，即对我们周围的、我们之上的、我们之下的一切事物的敬畏。有研究者指出，歌德的这种"三敬畏"学说很可能是受到孔子教育思想的启发。在强调实践和因材施教方面，歌德与孔子也多有相似之处。①

歌德对儒家伦理学说持积极赞赏的态度。他特别注重中华文化的道德价值，认为中国的礼节可为其文明的代表。1827年1月31日，歌德在与爱克曼的谈话中提到他正在读一部中国传奇《好逑传》。歌德说："中国人在思想、行为和情感方面几乎和我们一样，使我们很快就感到他们是我们的同类人，只是在他们那里一切都比我们这里更明朗更纯洁，也更合乎道德。……他们还有一个特点，人和大自然是生活在一起的。你经常听到金鱼在池子里跳跃，鸟儿在枝头歌唱不停，白天总是阳光灿烂，夜晚也总

---

① 参见杨武能：《歌德与中国》，生活·读书·新知三联书店1991年版，第49—51页。

是月白风清。"①

在中国的文学作品中，歌德看到了如他所描绘的那么一幅明朗、和谐、合乎道德的社会图画，在那儿没有他厌恶的矛盾、斗争和动乱，只有阳光灿烂、花香鸟语、月白风清。歌德认为，在这样"纯洁的东方"，道德发挥了重要的功能，他说："正是这种在一切方面保持严格的节制，使得中国维持到几千年之久，而且还会长存下去。"②

歌德因对中华文化和孔子思想的赞赏和推崇，在当时就被人称为"魏玛的孔夫子""魏玛的中国人"。

歌德这位伟大的文学家和思想家，拥有广阔的世界文化的胸怀。他在世界文化的视野中注视着中国，他在远方的中华文化那里看到了世界文化时代的到来。在歌德晚年的时候，欧洲中心主义正在崛起，欧洲人的"中国图像"也正在发生变化，偏见、歪曲和歧视将代替对中华文化的热烈赞颂之情。而正是在这样的情况下，歌德却仍关注着东方，关注着世界文化时代的来临。

---

① [德]爱克曼辑录，朱光潜译：《歌德谈话录》，人民文学出版社1978年版，第112页。
② [德]爱克曼辑录，朱光潜译：《歌德谈话录》，人民文学出版社1978年版，第112、113页。

■ "美国的孔夫子"爱默生

在美国思想史上,爱默生(Ralph Waldo Emerson)具有特别重要的影响,是确立美国文化精神的代表人物。美国前总统林肯称他为"美国的孔夫子""美国文明之父"。

1837年爱默生以《美国学者》为题发表了一篇著名的演讲词,宣告美国文学已脱离英国文学而独立,告诫美国学者不要让学究习气蔓延,不要盲目地追随传统,不要进行纯粹的模仿;另外这篇演讲词还抨击了美国社会的拜金主义,强调人的价值。被誉为美国思想文化领域的"独立宣言"。一年之后,爱默生在《神学院献辞》中批评了基督教唯一神教派死气沉沉的局面,竭力推崇人的至高无上,提倡靠直觉认识真理。"相信你自己的思想,相信你内心深处认为对你合适的东西对一切人都适用……"文学批评家劳伦斯·布尔(Lawrence Buel)在《爱默生传》中说,爱默生与他的学说是美国最重要的世俗宗教。爱默生经常和他的朋友梭罗(Henry David Thoreau)、霍桑(Hawthorne)、玛格利特(Margaret)等人举行小型聚会，探讨神学、哲学和社会学问题。这种聚会当时被称为"超验主义俱乐部"，爱默生也自然而然地成为超验主义的领袖。

爱默生

从19世纪40年代开始，爱默生和他所在的新英格兰文化圈开始对东方文化表现出很高的热情。他们出版的刊物《日晷》在题为《各族圣经》的专栏里连续发表了东方圣哲的语录，包括《摩奴法典》《论语》《佛陀经》《琐罗亚斯德神谕》和《中国四书》等。在美国思想家中，爱默生最早表现出对东方思想的兴趣，他的传记作家称他为美国的孔子、新英格兰的琐罗亚斯德、马萨诸塞的佛陀。[①]

当时开展的中美贸易使中国在新英格兰成为一个家喻户

① 参见钱满素：《爱默生和中国：对个人主义的反思》，生活·读书·新知三联书店1996年版，第47页。

晓的名字。自从"中国皇后"号远航中国贸易取得成功后，波士顿和塞勒姆成为美国最大的外贸口岸，而且塞勒姆的口岸比波士顿的规模还要大。在波士顿的文化圈中，中国成为热门话题。爱默生还有一些从事中国事务的朋友，如马萨诸塞州参议员查尔斯·萨姆纳（Charles Sumner），后来担任美国驻华公使的蒲安臣（Anson Burlingame）等，他们都曾给爱默生一些有关中国的资料和信息。爱默生还阅读过许多西方人写的中国游记和其他著作，使他对中华文化特别是孔子学说有了比较多的了解。

爱默生十分敬重儒家，尤其是十分敬重孔子和孟子。他经常把孔子与基督教的摩西、耶稣，东方哲学家摩奴、琐罗亚斯德相提并论。他阅读了好几个版本的"四书"，先后摘引了近百条孔孟语录，从中汲取营养，启迪自己的灵感。爱默生在1835年出版的《长生鸟》一书中论述了8位古代思想家的智慧，介绍孔子的第一章为全书的重点，他称赞孔子是道德师表，在基督降生前的大批哲学家中堪称第一。

1836年，爱默生读了乔舒亚·马什曼（Joshua Marshman）翻译的《孔子》，其中附有原文及作者对中国语言文字的评述。爱默生很喜欢这本书，他在笔记中抄录了几十段文字。后来他从中选了21段刊发在1843年4月号的《日晷》上。1843年，他得到一本戴维·科利（David

Collie）翻译的《中国古典：通称四书》，爱默生亲切地说这本书是"我的中国书"。在同年10月号的《日晷》上，刊载了长达6页的"四书"语录。爱默生在序言中写道："这个译本——它似乎是为学语言而作的练习——是我们迄今为止见到的中国文学中最有价值的贡献。"①在1845年的日记中，他写道："孔子，民族的光荣，孔子，绝对东方的圣人，他是个中间人。他是哲学中的华盛顿、仲裁人，现代史中的中庸之道。"②这一切都表明了他对孔子的深深敬仰和热爱。

美国学者伊罗生（Harold R. Isaacs）指出："爱默生欣喜地读过被译成欧洲文字的中国名著，并从中吸取营养，用以阐述他自己对绅士风度、个人伦理道德和社会行为、政治道德以及类似于手表机械构造中各部件之间相互作用形式的、人们彼此之间的职责等观点。"③

1868年，由蒲安臣率领的中国外交使团访问了波士顿，市长为此举行了欢迎宴会。爱默生作为美国知识分子的代表，在宴会上发表演说。他首先对一个古老王朝突然

① 钱满素：《爱默生和中国：对个人主义的反思》，生活·读书·新知三联书店1996年版，第64页。
② 钱满素：《爱默生和中国：对个人主义的反思》，生活·读书·新知三联书店1996年版，第137页。
③ [美]哈罗德·伊罗生著，于殿利、陆日宇译：《美国的中国形象》，中华书局2006年版，第76页。

进入"民族之林"表示由衷的惊喜。他称赞中国的实用工艺如陶瓷、丝绸和茶叶对于世界是不可或缺的,他还热情地赞颂孔子,说孔子的"中庸之道"比耶稣提出的"为人准则"足足早了500年。爱默生说,孔子的道德学说"虽然是针对一个与我们完全不同的社会,但我们今天读来仍受益不浅"①。

在爱默生为首的当地文化圈中,其他作家也都不同程度地表现出对中华文化的兴趣。1837年,年仅20岁的梭罗成为爱默生的助手,开始阅读中国、印度、波斯等国的古代典籍。

梭罗在《瓦尔登湖》中,引用"四书"多达10余处。在《青青豆叶》一章中,梭罗对自己说:"在下一个夏季里,我不需用那么多的劳力来播种豆子和玉米,我要匀出精力,用来播种——如诚实,真理,朴实,信心,纯真等等。"这些品德,在梭罗眼里远"比其他产物要高尚"。他还引用了《论语》中的"德不孤,必有邻",

梭罗

---

① 钱满素:《爱默生和中国:对个人主义的反思》,生活·读书·新知三联书店1996年版,第141页。

以说明他为什么会远离城市
的喧嚣独居林中——有德行
的人是不会孤独的。在《瓦
尔登湖》中，梭罗反复强
调，现代人的苦恼源于为物
质世俗的东西所累，从而失
去了生活的真谛。但人们往
往认识不到这一点，只是无
奈地抱怨"人生之路就是这
样啊"！

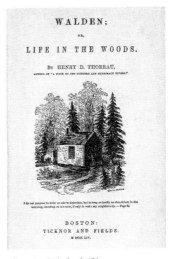

《瓦尔登湖》书影

　　《论语》中孔子描绘出
了"一箪食，一瓢饮，在陋巷，人不堪其忧，回也不改其
乐"的理想生活。1000多年后，梭罗在瓦尔登湖的拓荒和
居留则是对此最好的实践。他仅用了28美元就建起了他的
木屋，8个月的花费不过20美元。在梭罗看来，只需要几样
工具就可以生存下去：一把刀，一把斧头，一把铁锹，一
辆手推车，已经足够了，而大多数的奢侈品，大部分的所
谓生活的悠闲自在，不仅没有必要，而且对人类的发展实
在是个阻碍；除了生活上的简朴，更重要的一点是摆脱世
俗的羁绊，获得精神上的自由，正如孔子所说："不义而
富且贵，于我如浮云。"梭罗也告诫人们：不要太顾虑于
发展，不要汲汲于你的影响，这些都是身外之物。只有在

纯净朴实的生活中，摈弃凡俗的困扰才能寻找到思想的翅膀、心灵的安宁。

梭罗生前的名气并非很大，但随着时光的流逝，其声誉与日俱增，被誉为美国环境运动的思想先驱，被称为"一个隐居的圣人"。

《瓦尔登湖》是一本清新、健康、引人向上的书，它向世人揭示了作者在回归自然的生活实验中所发现的人生真谛——如果一个人能满足于基本的生活所需，其便可以更从容、更充实地享受人生。在书里，我们看到梭罗并没有因物质匮乏而窘迫，相反，正是由于他舍弃了一切身外之物，才有精力潜心研究自然、探索人生，书中洋溢着一种淡泊明志、宁静致远之美。

读完本章，想要分享阅读感悟？

◀ 微信扫码，获取本书配套服务

新教传教士对孔子的再宣传

孔子建立了一个世纪又一个世纪以来支撑和包含中国文化的精神力量的大厦。他的最精深的思想是阴、阳之力的最终和谐。和谐是某种永恒的东西，仅存在于先验世界的本性之中。

——卫礼贤

■ "孔子加耶稣"

在明清之际中国与欧洲文化交流的高潮之后，出现了一个短暂的沉寂时期。但到了19世纪，特别是19世纪下半叶以后，中西文化交流又出现了一次高潮。在这个时期，来华的新教传教士发挥了骨干作用。

像明清之际来华的传教士一样，19世纪来华的传教士最初也忽略了中国传统儒家思想的力量，他们中大多数人认为可以凭借大炮和不平等条约，用西方的上帝来"开导"这个国家。"孔子或耶稣"，要么是孔子，要么是耶稣，两者必居其一。但是，他们凭借这样的信念进行传教事业，效果并不乐观。经过几十年，他们方才意识到老一辈传教士所说是真，传教的阻力主要来自士大夫阶层，而士大夫的精神支柱就是儒家思想。若要在中国扩展教会势力，光靠在下层老百姓中吸收教徒是无法办到的，只有对儒家思想作一些必要的妥协并加以利用，才能突破士大夫阶层。

于是，他们转向"孔子加耶稣"的策略，把基督教的一部分教义同儒家的礼教、思想加以结合。

美国传教士丁韪良（William Alexander Parsons Martin）提出"孔子加耶稣"应当成为传教士向中国人宣教遵循的公式。他依照基督教的标准，断言孔子并没有被奉为神，对他的敬拜纯粹是纪念性的。他由此得出结论，儒教不是中国人接受基督教的障碍。这跟利玛窦合儒、补儒终至超儒的路线一致。

此时，不少传教士在肯定以儒学为核心的中国传统文化有一定价值的前提下，主张"孔子加耶稣"，或称"耶儒合流"。

美国传教士卫三畏（Samuel Wells Williams）在《中国总论》中甚至将孔子的儒家学说和佛教、基督教、伊斯兰教三者相提并论，认为它们同样具有永恒的价值。卫三畏对中国儒家文化具有"信义"的价值内涵极为推崇，不过，尽管他指出了儒家思想的不少长处，但仍然认为中华民族需要拯救。他指称中国需要基督教教义并不意味要摧毁中华传统文明，而是要进一步完善它，使它更具有价值。《中国总论》反复强调的一个论点就是：中国人不仅需要标志西方文明的技术，而且还需要耶稣基督的教义。这体现了他站在传教士立场上的西方文化本体论，同时希望建构出"孔子加耶稣"的思想模式。

总而言之，"孔子加耶稣"的思想是19世纪30年代以后西方传教士所着力提倡的一种在中国的文化策略，是融合中西文化的一条道路。他们强调儒学不是宗教，但又有某些宗教性，就可以论证他们的"耶儒合流"的主张。他们认为，完全否定儒家文化既不合情理，也不现实，最好的办法是把二者结合起来。这样，既可以吸引一批士大夫容忍甚至接受基督教，也可以使中国基督徒感受到基督教教义是更为完善的体系。

■ 传教士的改宗

　　19世纪的来华传教士，和他们的前辈利玛窦那批人一样，都是科学文化修养比较高的知识分子。他们在致力于传播基督教的同时，也积极开展文教、医药等文化事业，为西方文化的东传做出了很大的贡献。他们长期在中国生活，有的长达十多年甚至几十年，与中国各阶层人士广泛接触，对中华文化耳濡目染，也因此对中华文化抱有极大的兴趣。一些人致力于对当代中国的观察，深入到社会各阶层，进行实地的调查研究，有的教会团体还有计划地进行中国国情的调查与研究。

　　可以说，这一代传教士，由于具有了现代社会科学的背景，由于他们人数众多并且有机会深入到中国社会的各个阶层，所以他们对中国国情以及中华文化的认识和理解，要比明清之际那一批传教士深刻得多，研究的范围也更广泛。他们的这些研究成果，在向西方介绍中国文化方面，发挥了重要作用，影响了西方人对中国的认识，推动了早期西方汉学的发展。因此，19世纪的来华传教士，也和他们的前辈一样，成了中华文化西传的一条特殊渠道。

大多数传教士在中国度过了人生中最美好的岁月，他们把中国作为自己的第二个故乡。在漫长的岁月中，他们对中华文化的认识日益增多，特别是在深入中国腹地的过程中接触到的中国大好河山和诸多人文景观，在考察游历中记录、搜集的大批中国典籍和风俗文化典籍资料，使他们触摸到中华文化独有的魅力，在震惊、激动之中逐渐对中华文化产生了浓郁的兴趣，逐渐由为传教增加亲和力或为商业征服铺平道路转为发自内心的仰慕和爱好，逐渐由收集风俗文化典籍资料转为对这些资料的研究和探求，甚至由业余爱好变成终生追求。

美国浸礼会传教士葛德基（Earl Herbert Cressy）1919年6月在《亚洲》杂志上撰文指出一个非常有意思的现象：一个自称是作为西方精神生活的使者到远东向异教国家布道的传教士，在远东居住一段时间后，他却开始向美国人介绍远东的文化遗产，并在远东文化的影响下修正自己的教义，于是他两次成为传教士：第一次是向中国传教，第二次是向美国传教。葛德基称这一现象为"传教士的改宗"。

他这里说的"改宗"不是指这位传教士改变信仰，成了儒教徒，而是指传教思想，特别是对中华文化的看法发生了很大的变化：从文化征服者变成文化合作者；从一个敌视儒家传统，企图把基督教强加给中国的文化帝国主义者变成了欣赏中华文化的伟大与优秀，并积极倡导宗教合作和文化交流的人。英国传教士麦高温(John MacGowan)说："我越是深入到中国人生活的内部，我的心就越是被他们深深吸引。他们确实是一个非常可爱的民族，在充满欢乐的时刻，在笼罩着悲哀的时刻，以及在激发起正义感的时刻，他们都证明了自己真正拥有作为一个伟大民族的品质。"①

　　这种变化也是19世纪下半叶到20世纪初西方传教士活动的一个整体性的变化。美国传教士乐灵生（Frank J.Rawlinson）指出，在1907—1920年，传教士对中华文化与宗教的态度逐渐发生了变化，无论是中国基督教领袖还是传教士现在都对保持中华文明中有价值的元素感兴趣。

　　"在1907年，中国被认为是基督教世界的小学生，而教会是中国的老师，但现在（1920年），二者互为学生和仆人。"②传教士胡美（Edward H.Hume）提出，中国已经进入拒绝"让西方来拯救其心灵"的新阶段，传教事业要想在中国继续获得发展，传教士"必须以谦卑的宗教学

①　[英]麦高温著，朱涛、倪静译：《中国人生活的明与暗》，中华书局2006年版，第1页。

②　王立新：《美国传教士对中国文化态度的演变（1830-1932）》，《历史研究》2012年第2期。

生的身份接近东方，而且终其一生都必须一直是学生"，并与东方人合作，"共同寻找永恒的真理"。①

---

① 王立新：《美国传教士对中国文化态度的演变（1830-1932）》，《历史研究》2012年第2期。

■ 从传教士到汉学家

　　派到海外的传教士定期向国内母会汇报所在地的情况，是他们工作职责的一部分。其汇报或是通过书信，或是回国述职。传教士每一次回国述职，都要向本教区的教徒发表演讲，介绍中国的情况，以唤起教徒的热情，赢得教徒的支持和捐献。"对国内而言，传教士一直认为向他们的赞助者报告情况是一项急迫任务：他们在中国的经历促使他们加入了自九世纪的日本圆仁和尚开始的一直在努力描述中国的外国人行列。"他们是"外国人中最全面地——如果也是有选择地——向西方公众报告中国情况的人"。①

　　此外，他们还创办期刊，翻译中国典籍，撰写研究著作，有人还在回国后举办中国问题讲座，建立中国问题研究中心，这些工作都促进了西方对中国的了解。这一时期传教士有关中国的著述，无论是在数量上还是在研究问题的深

---

①　陶文钊编选，林海、符致兴等译：《费正清集》，天津人民出版社1992年版，第249、236页。

度与广度上，都远远超过了明清之际的来华传教士。英国基督教新教传教士伟烈亚力（Alexander Wylie）统计了1867年在华的338名传教士的出版物，其中仅以中文发表的就有787种。这些成果在西方有着广泛的影响，如卫三畏、卫礼贤（Richard Wilhelm）、明恩溥（Arthur H. Smith）等人的著作，都被西方各国的汉学界视为经典之作。

进入20世纪以后，由于有现代通信工具和照相机等，传教士向西方介绍中国情况更为方便。他们发回本国的信件和报告大为增加，并附有实证照片，仅寄回美国的报告，收藏在美国的近千个大小图书馆里作为档案保存的，数量就有上亿件。

传教士发回的大量报告和信件，往往成为西方国家政府了解中国的重要情报。正如有的美国学者指出的那样："在19世纪大部分期间，美国人是通过传教士的眼睛来观察亚洲的。"①传教士把在华的工作情况通过书信或报告的形式源源不断地发回国内差会，再由差会向本教区的教徒和选民广为传布，进而影响公众对中国社会的了解和对中国事件的态度，成为影响这些国家对华政策的一个因素。例如，正是传教士通过其在美国广大教区的信徒，在美国

① [美]泰勒·丹涅特著，姚曾廙译：《美国人在东亚——十九世纪美国对中国、日本和朝鲜政策的批判的研究》，商务印书馆1959年版，第474页。

公众中树立了辛亥革命有利于传教事业的形象，从而赢得美国舆论对辛亥革命的同情，成为推动威尔逊政府迅速承认中华民国的因素之一。

同时，一些著名的传教士往往被视为中国问题专家。他们回国述职或休假时，西方国家的政府首脑有时也召见他们，咨询有关中国问题的情况和意见。例如1906年美国传教士明恩溥向西奥多·罗斯福总统汇报中国情况之后，提出了退还庚子赔款用于在中国兴办学校的建议，后在1908年实施。又如美国传教士司徒雷登（John L. Stuart）1915年回国时，受到威尔逊总统连续三次接见，垂询中国国情。美国学者赖德烈（Kenneth Scott Latourette）指出："传教士做的就是帮助和改造本国的舆论。在美国，由传教组织出版的有关中国的书籍广为发行。那些在我们的大学里讲授中国课程的大部分人——也许是绝大多数——也都同中国的传教活动有关。他们不是曾经做过传教士，就是传教士的后代。"①

美国汉学家费正清（John King Fairbank）指出："像麦都思、郭施拉和裨治文等传教先驱在知识方面对西方的影响要比在宗教方面对中国的影响更大。例如，早期的中国问题刊物《中国丛报》在世界上实际产生的影响与

---

① 王立新：《美国传教士与晚清中国现代化》，天津人民出版社1997年版，第84—85页。

《圣经》有代表性的译本的影响同样长远。"[①]所以，费正清认为，对于美国在华传教运动的研究，还要研究传教运动影响的回流对传教士在美国国内的支持者和普通民众的影响。

---

① 陶文钊编选，林海、符致兴等译：《费正清集》，天津人民出版社1992年版，第253页。

■ 理雅各与《中国经典》

传教士对儒家思想的关注，本意是为传播基督教，但同时也吸引一部分人开始研究、翻译和介绍儒家经典，其中著名的有英国传教士理雅各（James Legge）和艾约瑟（Joseph Edkins）、德国传教士花之安（Ernst Faber）和卫礼贤、法国传教士顾赛芬（Couvreur）等。

英国传教士理雅各是西方汉学研究最高荣誉"儒莲奖"的第一个获得者，他与法国传教士顾赛芬、德国传教士卫礼贤并称汉籍欧译"三大师"。

理雅各于1839年受伦敦会的派遣来东方传教，在南洋马六甲，理雅各担任伦敦圣教书会的记者与顾问，兼任马六甲英华书院的助理。1841年，理雅各任英华书院校长，他编写了《英汉及马来语词典》，用作马六甲英华书院的教材。此时理雅各已开始研究汉学。1843年，在理雅各主持下，英华书院迁至香港，并改变了办学宗旨，成为专门招收中国青少年的一所教会学校。

理雅各是一位学者型的传教士，他在办学和从事传教活动的同时十分注意研究中华传统文化，特别是注重研究孔子的儒家思想。他称赞孔子是一个真正的伟人，他说："孔子是古代著作事迹的保存者，中国黄金时代箴言的诠注者，解释者。过去他是中国人中的中国人，现在正如所有的人相信他那样，又以最好的和最崇高

理雅各

的身份，代表着人类最美的理想。"①理雅各认为中华文明虽与西方文明有很大区别，但绝非野蛮文明，因为几千年来，中国人民在那块土地上生活、繁衍，不断生长、壮大；当诸多的优秀文明经历了兴旺、鼎盛和衰亡后，中华文明仍然存在，所以中华民族必定有颇具力量的美德和社会规范。在他看来，这种原则在很大程度上可以归结为世界上罕见的对学问的高度尊重。他把铸造了中华民族精神特性和思想文化根基的儒家经典，作为自己开启中华民族思想文化的钥匙。

理雅各在中西文化交流上的主要贡献在于翻译中国古

---

① [英]理雅各：《中国经典·绪论》，转引自顾长声：《传教士与近代中国》，上海人民出版社1991年版，第187页。

代典籍。1861—1872年，《中国经典》第一版在香港陆续出版。其中，第一卷《论语》《大学》《中庸》，第二卷《孟子》，第三卷《书经》《竹书纪年》，第四卷《诗经》，第五卷《春秋》《左传》。

从16世纪末到18世纪初，西方来华传教士对中国典籍也曾多有译述，但都只译片段，且因汉语不精，或对于儒学经义钻研不透，或请学养浅陋的华人合译，译文往往词句粗劣，语义欠通。《中国经典》的翻译是理雅各倾注几十年心血完成的一项宏大工程。他明确意识到，只有透彻地掌握中国人的经书，亲自考察中国圣贤所建立的道德、社会和政治生活基础的整个思想领域，才能被认为与自己所处的地位和承担的职责相称。在整个翻译过程中，理雅各始终贯彻着严谨的治学态度，十分注重旁征博引，力求持之有据。在他以前别人用拉丁、英、法、意等语种译出的有关文字，凡能找到的，他都拿来仔细比较，认真参考，然后再反复斟酌，慎重落笔，甚至常常数易其稿。

19世纪90年代，理雅各对他的系列译作《中国经典》进行修订，作为他在牛津大学的教学材料。修订后的《中国经典》在牛津大学克莱仁登出版社再版。《中国经典》在西方陆续出版引起了西方学术思想界的轰动。英国汉学家小翟理斯（Lionel Giles）称赞道："五十余年来，使得英国读者皆能博览孔子经典者，吾人不能不感激理雅各化不朽之作也。"[1]理雅各的译本迄今已逾百年，仍被认为是中国经典的标准译本。

此外，理雅各还翻译了《孝经》《道德经》《庄子》《佛国记》《离骚》等。去世前夕，他还在翻译《楚辞》的其他篇章。

理雅各翻译中国典籍的工作得到了一些传教士和中国学者的帮助。其中晚清思想家王韬对其帮助尤为大。王韬经学功底深厚，并有10多年在墨海书馆与传教士合作译书的经验，所以与理雅各的合作非常顺利。王韬对于这项工作十分认真，他们每译一经，王韬都事先广搜博集，详加考订。然后集历代各家注疏之长，并加入自己的研究心得，写成笔记，以供翻译之用。对理雅各弄不懂或有疑问的地方，还进行讨论讲解。王韬的帮助，使得理雅各英译《书经》《竹书纪年》《诗经》《春秋》《左传》《礼记》等书的工作得以顺利完成。

理雅各回英国后，继续大力主张加强对中国的研究，特别是对中国社会思想的支柱儒家思想和典籍的研究。当时一些原来在中国当外交官或经商的英国人，提出应在牛津大学设立汉学讲座，并推荐理雅各为该讲座的第一任教授。他们募集了捐款，专供牛津大学开设汉学讲座之用。

---

① 张海林：《王韬评传》，南京大学出版社2007年版，第103页。

英国舆论也对此积极支持,有一家报纸发表评论说:"我们在东方,特别是在中国的利益,超过了所有其他欧洲国家加在一起的利益,但在研究东方语言和文献方面,却做得很少。"在前驻华公使阿礼国(Rutherford Alcock)等人的支持下,理雅各于1876年受聘为牛津大学第一位汉学讲座教授。他在这个讲座岗位上工作了20余年,直到1897年去世。他先后讲演中国历史、文学、人物、天文、社会和宗教等多方面的内容,广泛介绍中华文化,培养了不少新一代的汉学家。

此外,他还撰写了许多关于中华文化的著作,包括《法显行传》《孔子——中国的圣贤》《孟子——中国的哲学家》《中国文学中的爱情故事与小说》《中国编年史》《离骚及其作者》《帝国儒学讲稿四篇》《封建的中国》《中国的诗》《中国古代文明》等。

理雅各用50余年的时间,架起了一座中西方的文化桥梁。他的孙女写的一篇纪念文章说道:"理雅各是天生的学者,后人之所以纪念他,乃是因为他是学者。他并不像那些使人讨厌且生反感的传教士。……理雅各明白,如果想引起一个民族的注意,而不试图去了解那个民族,那将是一个悲剧。"①

---

① 顾长声:《从马礼逊到司徒雷登——来华新教传教士评传》,上海人民出版社1985年版,第126页。

■ 卫礼贤：中国在西方的精神使者

19世纪来华传教士中，在传播中华文化和孔子儒家思想上影响最大的，要数德国传教士卫礼贤。

卫礼贤本名理查德·威廉，卫礼贤是他自取的汉名。1899年，他作为传教士出发远赴青岛。卫礼贤是一个对文学与艺术有着较高天赋的人，所以一踏上中国的土地，他对中华民族及其思想与文化的兴趣就远远超出了宗教事务本身。卫礼贤发现，在中国根本不存在需要他去感化或者惩戒的异教徒，相反，中国有着悠久而发达的值得尊敬的精神文化。他在中国生活期间，对传教活动并不热心，以致没有发展一个教徒，而把主要精力用在办

卫礼贤

医院、办学校和学习钻研中国文化上。

卫礼贤前后在中国生活了25年，前22年主要居住在青岛。他通过学习汉语，不仅能直接与中国民众交往，而且学会了阅读中文书籍，从而增进了他对中国历史和现状的理解，加深了他对中华传统文化的热爱。辛亥革命前后，不少清王朝的孤臣遗老避居青岛，卫礼贤与他们多有来往，其中包括溥伟、康有为、辜鸿铭、劳乃宣等名流。卫礼贤在礼贤书院内建了一所尊孔文社，尊孔文社不仅是研究儒学的一个机构，还是卫礼贤联系前清遗老的一个组织。文社的礼堂里悬挂着孔子画像，在这里人们不仅探讨中华传统文化，也经常进行中西学术交流，既安排中国学者讲授中华文化，也安排德国学者讲授西方文化。尊孔文社成为当时青岛不可多得的一道文化风景线。1914年，在劳乃宣等人的协助下，卫礼贤在尊孔文社内建起了一座藏书楼，溥伟题匾，劳乃宣撰写题记。这是青岛第一座现代图书馆，也是中国早期图书馆之一。据记载，当时藏书楼藏书12000多册，其中中文图书6000多册，德文图书3000多册，英法文图书2000多册。

1920年，卫礼贤曾短期回国，到1922年，他被任命为德国公使馆的学术顾问，再次来华。嗣后，他又受蔡元培之聘，任北京大学的德文教授。在北京期间，他结识了蔡元培、梁启超、胡适等许多中国学者，还与徐志摩、梅

礼贤书院

卫礼贤（后排左二）与教职人员合影

兰芳等人交往密切。胡适在日记中称卫礼贤"对于中国学术，有一种心悦诚服的热诚，故能十分奋勇，译出十几部古书，风行德国"①。1923年，卫礼贤与罗振玉、王国维、辜鸿铭等人筹建东方学社，以促进东西方之间的文化交流。通过尊孔文社和东方学社，卫礼贤与中国的知识分子建立了广泛的联系。而与这些中国文人的交往，对卫礼贤的中国观产生了很大的影响。

在中国生活期间，卫礼贤就致力于儒家经典的翻译，译作有《论语》《老子》《列子》《庄子》《孟子》《大学》及《中国的民间童话》等。虽然它们大多并不是第一次被翻译成欧洲语言，但人们却公认卫礼贤翻译的是最好的，这些作品，使卫礼贤不仅在德国而且在整个欧洲的汉学界都赢得了声誉。

在卫礼贤的所有译作中，以《易经》的翻译最享盛誉，至今已再版20多次，成为西方公认的权威版本，相继被转译成英国、法国、西班牙、荷兰、意大利等多国文字。这是卫礼贤耗费心血最多的一部作品，从开始着手学习、研究、翻译，到最后出版，花了十多年的时间。他曾说："中国思想学说的基础在于《易经》，老子的道教和孔子的儒教一样均源于此。……其对东方思想生活的影响

---

① 胡适：《胡适的日记》，中华书局1985年版，第441页。

一直存在到今天。因此我们可以毫不夸张地说,我们接触的这部书是世界上最重要的一部作品。"[①]

卫礼贤还在德国学界发表了多次演讲,宣扬古老的《易经》精神,希望德国能借鉴东方文化,重塑他们的民族品格。他认为《易经》的核心精神是对立与协同。受此启发,他认为当时纷乱的世界局势只是一种暂时的状态。只要拥抱世界主义,未来必将走向协同。卫礼贤的易学思想是对《易经》精神的引申,他从心理学的角度对《易经》进行了阐释,使得《易经》为西方大众所理解。

瑞士心理学家荣格(Carl G. Jung)曾为卫礼贤的《易经》译本撰写了长篇序言。荣格称赞卫礼贤译的《易经》是西方无与伦比的版本,这本东方最深刻的著作第一次以生动可读的形式介绍到西方来是卫礼贤最重要的成果。荣格指出,西方传统哲学注重因果性,把它放在公理的地位,而忽视偶然性。中国却相反,注重偶然性。《易经》正是研究偶然性产生的各种情形。近代物理学发现了因果性只是统计的正确,宇宙本身是偶然性的。所以,现在一刹那的某种情况可以反映宇宙的情况以及历史,正如观察树木的年轮一样。受到这部《易经》的启发,荣格提出了他的重要创见"共时性原则",并将这种原则作为其

[①] 张国刚:《德国的汉学研究》,中华书局1994年版,第47页。

分析心理学发展的基石。

　　卫礼贤翻译的中国经籍有不少一版再版，流传至今。德国汉学家傅海波（Herbert Franke）在1968年出版的《德国大学的汉学》一书中评论卫礼贤翻译《中国经典》的功绩说："他那数不清的著作已经或多或少地把中国的形象印刻在德国读者的心中。卫礼贤的翻译作品从整个成就来看不会很快被超过，至今几乎还没有更新的中国古典哲学著作的德文译本问世。"①

　　卫礼贤不仅是一位杰出的翻译家，而且是一位著述宏富的汉学家。卫礼贤潜心学习研究中华文化30多年，出版了十余种专著，包括《孔夫子在人类杰出代表中的地位》《中国：国土与自然》《中国人的生活智慧》《中国心灵》《中国文学史》《孔子与儒家》《东亚，中华文化圈的变迁》《中国文化史》《中国哲学》《中国经济心理》等。其中《中国心灵》一书是他最重要的研究著作，一出版就被译成英文和法文。

　　在《中国心灵》一书中，卫礼贤表达了他对儒家文化的深刻理解，他说："孔子建立了一个世纪又一个世纪以来支撑和包含中国文化的精神力量的大厦。他的最精深的思想是阴、阳之力的最终和谐。和谐是某种永恒的东西，

---

① 　[德] 傅海波：《德国大学的汉学》，转引自张国刚：《德国的汉学研究》，中华书局1994年版，第46页。

仅存在于先验世界的本性之中。"①他还认为，在人类历史
上众多的伟大人物中，恐怕没有第二个人能像孔子一样，
如此成功地让自己的思想精髓得到大众的认可。卫礼贤认
为，孔子的学说理应属于全世界，而不应当仅仅属于中国
的某一个时代。

　　但是，卫礼贤也看到了儒家体系日益衰落的现实。
他认为，在现代西方文明的冲击下，儒家体系的教诲已经
暗淡无光。儒家圣典的道德观已经不再是小学生的学习内
容，它成为大学里学术研究的对象。这一切并非偶然。也
许在新的世界里，孔子思想中的某些东西注定要消亡。可
是其中永恒的东西——自然与文化的和谐这样伟大的真理
依然会存在。它将是新哲学和人类新发展的巨大推动力。
卫礼贤对中国社会变革和"中国心灵"有着深刻的认识，
他指出，在美国，我们看到了最为发达的机械化经济，这
种机械化是如此深远，以至于人类自己作为一环也卷了进
去，以一种可以预测的精确度发挥着作用。而在中国，我
们刚好可以看到另一极，人力工具依然占据重要位置，机
械手段极为原始。中国的整个趋势是工具尽可能简单，工
匠尽可能灵巧，生活的重点放在人格的完善，而不是生产
工具的完善上。

──────────

① [德]卫礼贤著，王宇杰等译：《中国心灵》，国际文化出版公司
　　1998年版，第284页。

　　卫礼贤大力宣传、介绍、推崇中华文化，还不仅仅是出于对这一古老文明的敬意，而且是试图通过中西文化的交流和融合，追求自莱布尼茨和歌德以来德国哲人大力倡导的"世界文化"的文化理想。卫礼贤认为，在当今现存的所有文化中，西方文化和中华文化各代表一种具有强大生命力的类型，它们各自在深刻的意义上独立不倚，从自己独特的方面深入人性的本源，因此它们特别适合于相互影响，相互提高，相互促进。他指出：人类的新文化将传遍全球，它不会像过去的个别文化那样，由生活有机地联系着的各组成部分合成，而将以过去的个别文化的碎块为组成部分，形成一种更高层次的文化。为了臻于完善，人类的新文化需要做到两点：一要深深地沉潜到自己的下意识中去，直至由此打开一条通往全部生机的道路，这是东方的精神；二是最大限度地强化自治的人，以适应整个外界的要求，这是西方的精神。卫礼贤认为，只有在这个基础上，东西方才能成为唇齿相依、彼此都不可或缺的好兄弟。张君劢评价卫礼贤说，他"促进了东方对西方文化的认识和西方对东方文化的认识"，堪称"世界公民"。①

　　通过卫礼贤，西方思想界的一大批代表人物接触到了

---

①　孙立新、蒋锐主编：《东西方之间——中外学者论卫礼贤》，山东大学出版社2004年版，第29页。

中华文化，从中国的哲学思想中得到了或多或少的启迪。他们中有作家黑塞（Hermann Hesse）、布莱希特（Bertolt Brecht）、霍夫曼斯塔尔（Hugo von Hofmannsthal）、里卡达·胡赫（Ricarda Huch），哲学家杜里舒（Hans Adolf Eduard Driesch）、马丁·布伯（Martin Buber）、施本格勒（Oswald Spengler）以及心理学家荣格（Carl Jung）等人。

由于卫礼贤对传播中华文化的贡献，人们称他为"伟大的德意志中国人""中国在西方的精神使者"。

读完本章，想要分享阅读感悟？

◀ 微信扫码，获取本书配套服务

哲学家与孔子的对话

对我来说，孔子是一个伟大的名字，尽管我马上得承认它是一副枷锁……因为这种道德学说呆板机械，永远禁锢着人们的思想，使其不能自由地发展，使得专制帝国中产生不出第二个孔子。

——赫尔德

■ 赫尔德：孔子，伟大的枷锁

在18世纪，与英、法两国文学艺术家的中国兴趣一样，德国的学术思想界也很重视中华文化的信息。由于传教士的介绍，以及莱布尼茨、沃尔夫等人的大力宣扬，到18—19世纪的时候，德国学术界已经具备了较为丰富和具体的中国知识，孔子及其学说进入到西方哲学对话的层面。如在德国哲学家康德（Immanuel Kant）的晚年谈话中，就曾谈到中国的大运河、长城、民族习俗、语言文字、法律、宗教等方面的情况，他还提到孔子哲学，称孔子是"中国的苏格拉底"。

与康德同时代的德国历史学家、哲学家赫尔德（Johann Gottfried von Herder）在18世纪德国文艺复兴中扮演了极为重要的角色，同时他也影响了"狂飙及跃进时代"的兴起和浪漫主义文学。赫尔德生活的时代，风行一时的"中国热"已近尾声，他在《关于人类历史哲学的思想》一书中论及了中华文化。他说，中国的哲学，首先是中国的政治道德学，在欧洲备受欢迎。德国的莱布尼茨、比尔芬格尔（George Bernhard Bilfingen）、沃尔夫都对它表示了关注，尤其是沃尔夫对它几乎表现出以往不曾有过的狂热。"中国人这种优越的国家政体主要经传教士介绍，在欧洲家喻户晓，人尽皆知。不仅那些喜爱思辨的哲学家，甚至就连政治家们也都几乎称赞它为安邦治国的最高典范。"①

到了启蒙运动的后期，德国知识界对中华文化的消极评价已非常强烈，孔子和儒学沦为批评的靶子。赫尔德在充分肯定中华文化对世界文明的伟大贡献的同时，也对中华文化进行了多方面的批评。

赫尔德对中国和中华文明的基本判断继承了18世纪孟德斯鸠等人对专制主义的批判和亚当·斯密等人的中国发展停滞论的观点。"专制主义"和"社会停滞状态"也是19世纪西方中国观的基本出发点。赫尔德从社会教育和道德规范的角度来论述这一观点，他认为中国具有某种独一无二的、不可改变的"东方性"，中国的国民精神是幼稚软弱、愚昧迷信的精神，东方专制主义是一种建立在家长制奴役与未成熟的孩子般的愚昧奴性精神上的独特的东方专制主义，中国所有的文字、所有家庭内部的和社会公共的风俗习惯以及所有的生活方式、治国方法统统都建立在

---

① [德]夏瑞春编，陈爱政等译：《德国思想家论中国》，江苏人民出版社1989年版，第84页。

这个原则的基础之上，并受其制约。赫尔德说："对我来说，孔子是一个伟大的名字，尽管我马上得承认它是一副枷锁……在这副枷锁的束缚之下，中国人以及世界上受孔子思想教育的其他民族仿佛一直停留在幼儿期，因为这种道德学说呆板机械，永远禁锢着人们的思想，使其不能自由地发展，使得专制帝国中产生不出第二个孔子。"①这一尖锐批评在西方思想界影响深远，甚至可以说西方对中国不少相关的否定言论可追溯到此。

赫尔德认为，中国人吃苦耐劳、乐天知命，对专制君主百依百顺，创造出令世人惊叹的工程或艺术，如道路、运河、假山、万里长城。但这无法阻挡这个民族的衰落，因为专制政治与奴化教育窒息了这个民族文明发展的生机。"这种束缚人的理智、才干与情感的幼稚的做法势必削弱整个国家的实力。如果教育只是矫揉造作的形式，倘若虚假与规矩充斥并束缚生活的各个方面，那么国家还会有什么巨大的作用！人类思想和精神还会有什么崇高的作用！"②孔子和儒学思想，在赫尔德的眼中，成了没完没了的道德说教，是禁锢人思想的枷锁。

---

① [德]夏瑞春编，陈爱政等译：《德国思想家论中国》，江苏人民出版社1989年版，第91页。
② [德]夏瑞春编，陈爱政等译：《德国思想家论中国》，江苏人民出版社1989年版，第88页。

他认为中国教育突出伦理、注重服从，这种做法制约了中国的发展、压抑了个性的发挥。"拿欧洲人的标准来衡量，这个民族在科学上建树甚微。几千年来，他们始终停滞不前。我们能不对此感到惊讶吗？就连他们那些谈论道德和法令的书本也总是变着法儿，反反复复，详详细细地在同一话题上兜圈子，千篇一律地吹捧那种孩童的义务。他们的天文学、音乐、诗歌、兵法、绘画和建筑如同千百年前一样，仍旧是他们永恒法令和千古不变的幼稚可笑的政体的孩子。"[1]这一批评十分尖锐，但确实指出了中国传统教育重伦理、重集体，轻个人的发展，缺乏开拓精神。

---

[1] [德]夏瑞春编，陈爱政等译：《德国思想家论中国》，江苏人民出版社1989年版，第89页。

■ 黑格尔：孔子没有思辨哲学

在19世纪的德国哲学家中，黑格尔（Georg Wilhelm Friedrich Hegel）关于中国的论述代表了当时德国思想界的总体看法。

黑格尔哲学是德国古典哲学的集大成者，是19世纪中期以前发展得最完备的唯心主义哲学体系。黑格尔认为历史便是"世界精神"自我认识、自我发展、自我完善的历史。"世界精神"构成一切自然和社会现象的本源和基础，人类历史和精神文化只是世界精神自我展现、自我认识过程中的一个环节。

黑格尔

黑格尔接受了启蒙学者关于人类历史起源于中国的历史观，但是，"开端"对于黑格尔来说没有任何优越性，相反，它象征着思想的贫乏和蒙昧。他说"世界精神"就如一轮太阳，东升西沉，因此世界历史开始于中国所在的东方。世界精神自中国开始，由东方发展，犹如人的幼年、少年、青年、壮年、老年。他把中华文化称为是"幼年文化"，因为幼年时代的人的精神是无法独立的，是谈不上自由的，他只有依赖，正如孩童一样，只一味服从父母，没有自己的意志和识见。黑格尔把这种状态称之为"家庭的精神"。

黑格尔注意到中国式的家长制政治和家庭化道德，并且为这种中华文化的典型形象找到了人类精神发展史上的地位。他认为这种"家庭的精神"就是中国那终古不变的宪法的精神，其中包括人际的正常关系、父对于子的权威等等。他指出："基于家长政治的原则，臣民都被看作还处于幼稚的状态里。……一切都是由上面来指导和监督。"①黑格尔认为，中国的民族精神中没有任何自由的因素，中华文化属于"幼年文化"，只有服从与奴役，没有精神的独立，更谈不上主体意识的自由，家长制的东方专制主义将中国人的精神压制在愚昧状态，自由与科学无从

① [德]黑格尔著，王造时译：《历史哲学》，生活·读书·新知三联书店1963年版，第171页。

发展，历史依旧停留在起点上，或者从未开始。

18世纪的一些启蒙学者在中华文化中最推崇的是中国伦理精神，黑格尔最着力反对的也是中国伦理精神。在他的眼里，中国的伦理道德甚至还没有被提升到"精神"的层次。"伦理"在黑格尔哲学中范围很广，不但包括道德，家庭、社会、国家、法律等也属于"伦理"范畴。他对中国伦理的评价是："凡属于'精神'的一切——在实际上和理论上，绝对没有束缚的伦常、道德、情绪、内在的'宗教'、'科学'和真正的'艺术'，———概都离他们很远。"①黑格尔的依据是，中国的伦理没有"主体性"因素，没有自由的精神。

"主体"和"自由"是黑格尔规定"精神"的两个核心概念。精神的首要特性是辩证的运动，而主体就是运动的主体。主体在运动中逐步地完善自身，同时实现精神的价值。主体在多大程度上实现了精神的价值，它就获得了多大程度的自由。黑格尔肯定西方文化的不同形态，如希腊哲学和艺术、希腊罗马宗教和犹太教、基督教和近代哲学都有不同程度的主体性和自由，它们构成了人类精神进步的环节。他否定中国伦理具有主体性和自由，无异于把中国伦理排斥在人类精神之外。

黑格尔说，在世界所有的国家中中国是最古老的帝

---

① [德]黑格尔著，王造时译：《历史哲学》，生活·读书·新知三联书店1963年版，第181页。

国，中国虽然两次由少数民族政权统治，可是它的宗法制度、道德、习俗、国家机构在本质上没有改变，从其内涵来说这个国家至今仍然保持着4000年前的面貌，仍然恪守着它原初时作为基础的那些原则，中国历史的过程就是文化的向前推进，以及一个国家和一个政府的创始，然后分合、合分，循环不已。

在黑格尔哲学体系中，中国起着反衬西方文明的作用，没有中国的落后，也就显现不出黑格尔所处的西方文明的先进；反过来说，没有黑格尔所代表的西方文明的立场和观点，中国也不至于那样落后不堪。黑格尔按照他的评判模式，在他所了解的关于中国的材料中，解读出他所要看到的一切低级、落后和愚昧的东西。凡是他认为人类精神有进步的领域，都有"中国"阴影的反衬。黑格尔把日耳曼文化作为人类文明的"老年"，作为一种成熟了的文化，据此观之，中华文化则是历史的开端，是人类文明的"幼年"。黑格尔从"终点"看"起点"，从"老年"看"幼年"，因而对中国社会的停滞、落后多有批评。这种批评，当然与黑格尔的理论视野有关，同时也与19世纪中国的世界形象有关。19世纪以后，欧洲知识界对中华文化的负面评价次第走向前台。在西方现代性知识框架下，中国形象成为西方现代性的对立面。

德国汉学家傅吾康（Wolfgang Franke）指出："黑格

尔在其《历史哲学》中花了五十页的篇幅论述完中国以后，得出的结论是中国没有历史。毫无疑问，黑格尔当时不仅局限于对中国历史的偏见，也囿于信息的匮乏。但他却满足于此而不认为有对其资料来源提出疑问的必要。黑格尔对中国历史的负面评价被后来欧洲的学者视为权威。"①

黑格尔还讨论了中国的宗教、科学和哲学。黑格尔认为，包括中国之内的东方哲学不属于哲学史。在他的视野里，哲学应从希腊开始。通过希腊哲学与中国哲学的比较，黑格尔否定中国哲学的存在。

黑格尔对孔子和儒学思想的评价充满了偏见，是典型的"西方中心主义"。他说，孔子是中国人中主要的哲学家，但他的哲学是抽象的，当这种抽象的思想走向具体时，就成为道德、治国之术、历史等，但这类的具体者本身并不是哲学性的。黑格尔认为，中国哲学反映了中国人"普遍性抽象"的思维方式，中国哲学家论述的都是有关道德、治国之术等方面的知识，而没有属于哲学的关于实体、普遍的东西、客观的东西的知识，所以应该把中国哲学排除在哲学史之外。

按照黑格尔的哲学思维，"抽象"有"普遍"和

---

① [德]傅吾康著，陈燕、袁媛译：《19世纪的欧洲汉学》，张西平编：《欧美汉学研究的历史与现状》，大象出版社2006年版，第120页。

"具体"两种，从"普遍的抽象"到"具体的抽象"是从低级到高级的发展。中国人的思维处于最初的"普遍性抽象"，这是把握外界事物的初级阶段的思想。他认为，"阴阳"的观念是绝对的一元和二元的抽象思想，是十分肤浅的；"五行"只是符合一种外在的次序，并没有包含任何有意义的东西，还不如古希腊恩培多克勒（Empedocles）的气、火、水、土的"四根说"。

对于启蒙学者尊重的孔子及其学说，黑格尔投以鄙薄的态度。他说，"孔子的教训在莱布尼茨的时代曾轰动一时"，但实际上，在孔子那里，"思辨的哲学是一点也没有的，只有一些善良的、老练的、道德的教训，从里面我们不能获得什么特殊的东西"①。

黑格尔认为，中国的哲学是一种宗教哲学，是一种一般东方人的宗教思想方式。他说："中国人有一个国家的宗教，这就是皇帝的宗教，士大夫的宗教，这个宗教尊敬天为最高的力量，特别与以隆重的仪式庆祝一年的季节的典礼相联系。……与这种自然宗教相结合，就是从孔子那里发挥出来的道德教训。"②

---

① [德]黑格尔著，贺麟、王太庆译：《哲学史讲演录》第1卷，商务印书馆1959年版，第119页。
② [德]黑格尔著，贺麟、王太庆译：《哲学史讲演录》第1卷，商务印书馆1959年版，第125页。

■ 叔本华与程朱理学

　　叔本华（Arthur Schopenhauer）是与黑格尔几乎同时期的德国哲学家。不过，叔本华不同于自笛卡尔以来一直到黑格尔的理性主义路线，而是开创了欧洲哲学的非理性主义传统。为了论证自己的非理性主义，叔本华很重视东方哲学，在他的著作中多次引证印度佛教的资料，并且在许多方面倾向于佛教思想。他对当时传入欧洲的中国哲学也有所了解。在他的最重要的两本著作《作为意志和表象的世界》和《自然界中的意志》中都提到中国哲学，前者提到了《易

叔本华

经》，后者则对中华文化作了较为全面的研究。叔本华特别推崇理学大家朱熹，认为中国的理学与他的唯意志主义有异曲同工之妙。

叔本华通过研究传教士的著作认为，中国人的信仰与西方人的信仰完全不同。西方人的宗教有一个自有永有的"创造者"，它不仅是"创造者"，而且还是"主宰者"，因而它是人们顶礼膜拜的对象。但是在中国却不是这样，中国人崇拜的对象只是"主宰者"，却不是"创造者"，因为中国人的思维方式与西方人不同。

在叔本华看来，中国人普遍崇拜的对象是自然和英雄，当然这种自然和英雄都是经过神化过的自然和英雄的象征物。他认为，中国人对一切自然力量的崇拜是因为中国人相信每一自然事物或自然现象都有一个神仙负责，如风神、雷神、山神、财神等；对英雄、圣人的崇拜实质上是中国"个人崇拜"的开端，这种观念来源于中国人认为圣人实际上就是神的化身。孔庙就是一个最明显的例子，除此之外还有关帝庙、文昌庙等圣人庙。叔本华指出，中国人对自然和英雄的崇拜，在形式上与西方宗教仪式有相似之处，例如寺庙、祭司和僧侣等，但在本质上两者却有很大不同。西方宗教是一神教，它反对自然崇拜，也反对个人崇拜。由于早期的传教士没有搞清楚中国宗教的实质，硬把他们自己的信仰学说传入这个古老的民族，最后招致失败。

叔本华认为，虽然汉学中没有西方宗教的"神"（创世者）的理念，但是汉学中还是有一个与"人"相对存在的概念——"天"。叔本华认为汉学中"天"的首要概念是"主宰或统治者"，因为"天"最常见的象征是"最高权力"。但是，正如叔本华分析的，汉学中的"天"和"上帝"只有"主宰和统治者"的涵义，却没有"创世者"的概念。叔本华认为"天"有一定的法则、规律，他认为程朱理学最具意义的是提出了"天的精神也许可以从人类的意志为何物中推知"的观点。

叔本华对汉学中"天"的理解在当时西方人中是最准确的。从他的研究资料来看，叔本华主要研究的是程朱理学。他说，朱熹是中国学者中最有名望的人，这是因为他是一个集大成者。他的著作是当时中国教育的基础，他有着至高无上的权威。

有研究者指出，叔本华的唯意志主义与程朱理学有许多相同之处。首先，叔本华不认为有"创世者"，相反他却认为世界的真实面目是"意志"，而人与世间万物都是"意志的客体化"，这一思想类似于朱熹的"天人合一"的观点。其次，他认为人的贪婪和痛苦都是因为蕴藏体内的"生命意志"推衍的结果，这一"生命意志"实是朱熹的"人欲"翻版。最后，人要回到本真，必须进行"生命意志的否定"，这又是朱熹的"灭人欲，存天理"。

　　所以，叔本华在《自然界中的意志》中直言其思想与程朱理学的相似性，"……天的精神也许可以从人类的意志为何物中推知！这最后一句话和我的学说的一致性是如此的明显和惊人，以至于如果这些话不是在我的著作出版了整整8年之后才印出来的话，人们很可能会错误地以为我的基本思想就是从它们那里得来的"。

■ 雅斯贝尔斯的中国哲学观

德国哲学家雅斯贝尔斯（Karl Theodor Jaspers）是存在主义哲学主要代表之一。在他的哲学和历史研究中，中国及其文化多次进入他的视野。

"轴心时代"是雅斯贝尔斯历史哲学中的中心概念。他认为公元前800至公元前200年之间，尤其是公元前600年至公元前300年间，是人类文明的"轴心时代"。在他看来，在那个时代，古希腊、以色列、中国和印度的古代文化都发生了"终极关怀的觉醒"。

雅斯贝尔斯一直关注着东方思想，对中华文化有着浓厚的兴趣。早在20世纪30年代初，雅斯贝尔斯就预感到了"世界哲学"的时代即将来临。在《哲学自传》中，他写道："我们是从欧洲哲学的晚霞出发，穿过我们这个时代的黎明而走向世界哲学的曙光。"正是基于世界哲学的前景，自1922年起，他在哲学史研讨班中开始吸收大量印度思想和中国思想。在20世纪30年代，他潜心研究亚洲思想，特别是中国思想。1938年10月20日，他在给妹妹埃娜的信中写道："这里充满着各种了不起的境况、观点和信念，从中我们所遇见的全都是十分陌生的形态。有一段时间以来，我对无边无际的远方的这一需求如饥似渴，仿佛它在根源上与我们唇齿相依、休戚与共，而且，在我面前的桌子上，我仍然拥有通向遥远的地方的地球仪。"

雅斯贝尔斯研读了大量中国典籍，如《道德经》《易经》等等。他尤其专心致志于中国的文学作品。除了诗歌之外，他也阅读长篇小说，如《好逑传》《金瓶梅》《红楼梦》《水浒传》《三国演义》。晚年，他对中国文学依旧兴趣盎然，爱不释手。对他来说，阅读中国诗歌和小说跟读中国哲学一样重要，因为他接近中华文化并非仅仅作为哲学家或博学的人接近，而是作为一个人接近。

第二次世界大战后，雅斯贝尔斯首次对中国公开发表言论，阐明了他与亚洲特别是与中国相知相遇的意义。在他的日内瓦演讲《论欧洲精神》中，他说道："每一个回归，即从事从亚洲作品到《圣经》乃至我们古典文本的研究都带给我们家园感。在那里，我们感受到一种十分彻底的克服，感受到每一个西方人都能获取的某种不可逾越的真理和某种深远宁静的源泉。"

但是，与胡塞尔（Edmund Husserl）、海德格尔（Martin Heidegger）等人的立场不同，雅斯贝尔斯把转向亚洲、回归亚洲本身视为欧洲人内心深处的转向，即在一面"镜子"中，认出欧洲未曾实现的那个人类的可能性。因此，他一再强调："中国对我几乎成了第二家乡，在这里，我仿佛就在家里一样。"

在哲学史巨著《伟大的哲学家》中，雅斯贝尔斯专章讨论了孔子其人其说。他写道："与人打交道乃是孔子生命的要素"，因为"人的本质只有在人的共同体中才是现实的"。因此，他要求克服关于孔子的种种陈词滥调，即源自后世的"种种僵死而空洞的措辞"，例如孔子是"保守的思想家""纯粹的理性主义者""正直的道德主义者"等。孔子的道义与政治伦理目标是社会道德崩溃时代的道德重建，而这种道德重建也正是第二次世界大战后雅斯贝尔斯政治伦理思想的基点。

■ 布洛赫的乌托邦与孔子思想

恩斯特·布洛赫（Ernst Bloch）是20世纪德国著名的哲学家，他的哲学以"希望"为本体，用"尚未"范畴把世界描述为一个过程，提倡乌托邦精神，充分发挥想象的创造力去构思未来。他的哲学被称为"希望哲学"。

在他看来，事物之所以是一个尚未完成的过程，是因为事物内部具有一种不断向前的"潜在—倾向性"，这种倾向也就是目的、需要、期待，也就是他所概括的"希望"，"希望"不仅是人的主观需求，也是"客观实在整体内的一个决定性因素"。

他认为人类文明史是由无数乌托邦构成的，马

布洛赫

克思的思想是面向未来的哲学，也是一种乌托邦，不过它不是抽象的乌托邦，是和历史辩证法相联系的"具体乌托邦"。他宣称自己的哲学就是为了重新唤起人们的乌托邦精神，力图使马克思主义充满想象力和生命力。

孔子的思想和东方生存智慧对布洛赫的希望哲学产生了重要影响。在布洛赫看来，孔子是一个生性正直、乐观向上、安贫乐道、诲人不倦、反对战争的伦理道德教师。孔子倡导"中庸"这一价值哲学，率先把"礼"与"仁"的概念加以具体化。布洛赫把孔子思想中的"礼"理解为对恭敬对象的礼仪规则，把"仁"理解为习惯或传统意义上的人性。他非常重视孔子的"礼""仁""中庸"学说，认为这是完全不同于古巴比伦、埃及和犹太宗教思想的一种宗教伦理思想。

布洛赫赞同孔子"天"与"神"的观点。他认为孔子号召君子避免粗野和黑暗，积极入世，永不懈怠，把一个邪恶的幽灵世界翻转为人的光明世界。与此相应的是，布洛赫倡导"至善"，呼吁人类积极投身社会变革和政治变革去造就世界的未来前景，把一个更美好生活的梦想变成活生生的现实。

在布洛赫看来，在孔子那里人性比神性更根本、更优先。这一思想与布洛赫的无神论思想不谋而合。布洛赫特别重视《论语》中的这样两句话："子不语怪力乱神"，

"务民之义，敬鬼神而远之，可谓知矣"。在此，孔子虽然没有否定鬼神的存在，但他强调鬼神并不决定人类的未来。布洛赫认为，在孔子的思想中，并没有神的存在位置，人的命运掌握在人手中。天上之神并不统治地上人类，这一点正是天地均衡何以可能的根本条件。

布洛赫的希望哲学的主旨是把人类希望思想与马克思主义革命思想结合起来，动员人类去建设一个"没有神的王国"，即马克思意义上的人的"自由王国"。布洛赫首先是一个无神论者。他通过孔子的思想，重建了一种无神论宗教，即"元宗教"。所谓"元宗教"，不是关于神的信仰的传统宗教形式，而是一种没有神和彼岸世界的宗教遗产，即关于终极"向何—为何"问题的良心和至善的知识。"哪里有希望，哪里就有宗教。"对他来说，宗教的核心始终是王国，但是王国的根本特征"不是神而是希望"。因此，元宗教与战斗的无神论是循环地固结在一起的。就"希望王国"而言，一个无神论者就是一个希望中的乌托邦存在。

对西方传统基督教信仰和价值的批判反省，促使布洛赫转向东方的生存智慧，努力从孔子的思想中寻找新的宗教素材和希望灵感。从孔子的思想中，布洛赫发现了东方的至善价值，这是一种基于"人"和"无为"概念的、拒斥彼岸或天国概念的新价值。这成了布洛赫元宗教思想的新起点，借助于此，他得以把以神为中心的西方传统价值和基督教至善转变为以人为中心的人类至善。

读完本章，想要分享阅读感悟？

◀ 微信扫码，获取本书配套服务

新儒学的传播

在美国的新儒学家一方面在现代世界文化的新条件下给予儒家思想新的解释，为儒家思想注入了新的生命力；同时，他们也试图通过对中国传统儒家思想的开掘创新，寻求解救西方现代化以后遇到的人文价值的危机。

■ 辜鸿铭与《中国人的精神》

　　20世纪前期，在西方学者热衷于描写和想象中国的同时，也有一些中国学者和作家直接面向西方读者，为他们写作介绍中国及其文化的作品。他们为向西方介绍和传播中华文化做出了自己的贡献。辜鸿铭就是当中的佼佼者。

　　在近代中国学术界，辜鸿铭是一位非常突出的人物。辜鸿铭祖籍福建同安，1857年出生于马来亚槟榔屿一个华侨世家。父亲辜紫云在槟榔屿一英国橡胶园内担任司理，母亲为葡萄牙人。橡胶园主布朗（Forbes Broun）与辜紫云交谊深厚，并认辜鸿铭为义子。辜鸿铭13岁时，布朗夫妇回苏格兰老家，带他到英国读书，辜鸿铭开始接受系统而正规的西洋教育。布朗是一位对中华文化极

辜鸿铭

具好感的人。他希望把辜鸿铭培养成会通中西，能拯救中国、教化欧美的大学者。

当他在西方读书的时期，正是西方浪漫主义的盛行期。辜鸿铭在爱丁堡大学学习期间师从著名文学家托马斯·卡莱尔（Thomas Carlyle），卡莱尔的浪漫主义思想、现代资本主义社会批判家的形象，成了他直接效法的伟大先贤和榜样。当他看到卡莱尔对中国历史文化表现出极大尊重和崇敬时，辜鸿铭感受到自己民族的自豪感和自身的使命感。

辜鸿铭阅读了大量西方著作，涉及文学、哲学、宗教、自然科学、政治等诸多方面。他对弥尔顿（John Milton）、莎士比亚（William Shakespeare）、歌德、卡莱尔、爱默生等人的作品和思想有深入的了解。辜鸿铭还遍游英、法、德、意、奥等国，认真详细地考察欧洲的政治、经济、文化，体验各国的风物人情、社会习俗，对于西方文明的种种弊端，可谓颇多了解。正是由于他对西方现代社会弊端认识深刻，他才摆脱了物质理性的狭隘与浮躁，决定要做一个博大、深沉、纯朴、灵敏的中国人。

1882年，他转往香港，在那里住了三四年，继续学习中文，闭门苦读经史子集。其间，他还专门到上海拜师学习古籍经典。1885年，辜鸿铭应邀入张之洞幕府，担任洋文案，深得器重，闽粤相随20年。张府里聚集着一批国学根底深厚的幕僚，张之洞本人也是个旧学造诣很深的学者。辜鸿铭充分利用这一有利条件，认真请教，20年勤学不辍，博览经史子集、诗歌词赋。1915年，北京大学聘其为教授，主讲英国文学。

辜鸿铭一生著述颇丰，且多用流利的英文写成，其目的在于使西方人了解中华文化，并通过了解进而尊重中华文化。其中主要有：《尊王篇》《中国牛津运动故事》《中国人的精神》（又名《春秋大义》）等。

《中国人的精神》是辜鸿铭向西方宣传中国传统文化的代表作。1915年在北京首次出版，书中力阐中华民族的精神和中华文明的价值，宣扬中华文化救西论。全书分为序言、导论、正文和附录4个部分。导论阐述"良民宗教"；正文第一章论"中国人的精神"，第二章论"中国女子"，第三章论"中国语言"，第四章论"约翰·史密斯在中国"，第五章论"一个著名的汉学家"，第六、七两章论"中国学"。

此外，辜鸿铭还常在英文报刊《字林西报》《日本邮报》《北京日报》《密勒氏远东评论》《华北正报》和《泰晤士报》等上发表文章。

辜鸿铭撰写的这些著作和文章，目的在于向西方宣传介绍中华文化，在西方人中树立正确的中国形象，因为在他看来，当时的西方人，特别是传教士所介绍的中国

形象，在很大程度上是不正确的或者是歪曲的。辜鸿铭
对西方一些"大汉学家"对中华文化的诬蔑和歪曲异常的
气愤，他指责道："现在外国人当中存在着一种错误的倾
向，他们不会中文也不了解儒家学说，但是却什么都研
究。不但自己失津于抽象的概念中，而且想做一名大师或
汉学家。'大师'或'汉学家'仅是一个名词，也就是一
个——霍普金斯先生谈到英国领事馆人员时所说的——被
生活在中国的外国人称之为傻瓜的代名词。"①他指出：

"迄今为止，所有外国学者关
于中国学问和中国文学的研究
成果缺乏人道的和实践的意
义。"②他还批评西方的汉学
家带着一种令人无法忍受的优
越感来研究和认识中国，对中
国人、中国的历史和文化明显
抱有偏见，其著作有意无意地
歪曲中国人的形象、中国历史

《中国人的精神》英文版书影

---

① 辜鸿铭著，黄兴涛等译：《辜鸿铭文集》上卷，海南出版社1996
　年版，第562页。
② 辜鸿铭著，黄兴涛等译：《辜鸿铭文集》下卷，海南出版社1996
　年版，第110页。

文化的本来面目和价值。他认为西方汉学家的研究十分浅薄，对西方人不能正确了解中华文化的真相和价值负有不可推卸的责任。他对西方汉学的发展一直保持关注，并随时发表批评意见。

所以，辜鸿铭写作的目的，就是要纠正由汉学家和传教士造成的谬误，正确地向西方人宣传介绍中华文化。

辜鸿铭在《中国人的精神》序言中说，中国人的性格和中华文明的三大特征是深沉、博大、纯朴和灵敏。他认为，中国人之所以深沉，因为每个人都有自己无比敬仰的领袖，有可尊敬的亲人，有自己供奉的祖先，面对先人的光辉与家人的期望，每个人都不得不深沉；中国人之所以纯朴，是中国几千年农业文明的结果，每个中国人都生活在对别人信任的基础上，而且中国传统"忠义"之道使人们对每一个自己所期望的人信任；中国人之所以博大，是因为有广阔的历史文明，有辽阔的疆土，在这片开阔的天地里，人们创造了辉煌，也承受了巨大的苦难，而正是这些辉煌与苦难造就了中国人博大的胸襟；中国人之所以灵敏，是因为一个社会，尤其是中国这样一个庞杂的社会，每一个因子必须具有灵敏的品质，如果没有，则整个社会就不能正常运转，在中国这样一个强调关系的社会里，人们必须处理各种各样的关系，如果稍有疏忽，就会寸步难行，而这就需要人们具有灵敏的品质。

　　早在明清之际，来华的传教士就陆续把中国典籍翻译成欧洲文字，19世纪后期来华的传教士如理雅各、卫礼贤等人在翻译介绍中国典籍方面做了大量的工作。这些译作虽然产生了很大的影响，但毕竟在语言、文化、思维方式等方面存在着巨大差异，很难完全表达出原作的本意。辜鸿铭在英译《论语》序言中说："自从理雅各博士开始发表关于'中国经典'翻译的最初部分，迄今已40年了。现在，任何人，哪怕是对中国语言一窍不通的人，只要反复耐心地翻阅理雅各博士的译文，都将禁不住感到它多么令人不满意。因为理雅各博士开始从事这项工作的时候，他的文字训练还很不足，完全缺乏评判能力和文学感知力。他自始至终都表明他只不过是个大汉学家，也就是说，只是一个对中国经书具有死知识的博学的权威而已。……尽管他的工作尽了力所能及的努力，是完全严谨的，但他却没能克服其极其僵硬和狭隘的头脑之限制，这是他的性情气质造成的结果。"①

　　辜鸿铭认为正是这些传教士和汉学家歪曲了儒家经典的原意，糟蹋了中华文化，并导致西方人对中国人和中华文明产生种种偏见。为了消除这些偏见，他决定自己翻译儒家经典。1898年辜鸿铭在上海出版了他的第一本译著

---

① 　辜鸿铭著，黄兴涛等译：《辜鸿铭文集》下卷，海南出版社1996年版，第345页。

《论语》，1906年又推出了第二本译著《中庸》，后来他又翻译了《大学》。他希望通过翻译儒经，为中华文明谋求与强势的西方文明平等的地位。他在《论语》译序中声称："希望那些有教养有思想的英国人在耐心读过我们的译作之后，能够反思一下他们对中国人已有的成见，并能因此修正谬见，改变他们对于中英两国人民与人民、国与国之间关系的态度。"

辜鸿铭在翻译儒家经典中，显示出比此前一般传教士和汉学家更为全面的贯通和深入的理解。同时，译文流畅自然，没有斧凿痕迹，显示出高超的英语文学修养。辜鸿铭认为，礼义道德是文明的真正基石。他翻译儒家典籍的一个重要特点是他运用西方话语，对中华文化中的"仁""义""礼"等重要概念进行了独到的翻译。

林语堂对辜鸿铭的英译儒经给予很高的评价。他在《从异教徒到基督徒》一书中这样评价道："他了不起的功绩是翻译了儒家四书的三部，不只是忠实的翻译，而且是一种创造性的翻译，古代经典的光透过一种深的了然的哲学的注入。他事实上扮演东方观念与西方观念的电镀匠。他的孔子的言论，饰以歌德、席勒、罗斯金，及朱贝尔的有启发性的妙语。"[1]林语堂还对辜鸿铭没有翻译更多

---

① 林语堂著，谢绮霞译：《从异教徒到基督徒》，陕西师范大学出版社2004年版，第26页。

的儒家经典感到遗憾。

　　辜鸿铭倾毕生精力于阐扬传播东方文化，在当时的国际上享有盛誉，西方人对他甚为推崇，尊之为东方文化的"圣哲"。当时西方人曾流传一句话：到中国可以不看紫禁城，不可不看辜鸿铭。

■ 林语堂与《吾国与吾民》《孔子的智慧》

　　林语堂是中国著名的文学家和学者，在文学、哲学、红学、语言学和中外文化交流等众多领域都取得了巨大的成就，曾任国际笔会副会长，并被提名为诺贝尔文学奖候选人，是一位跨越国界的世界文化名人。

　　林语堂自幼接受了西方文化的熏陶，1912年他考入上海圣约翰大学，毕业后在清华大学任教。1919年秋赴美留学，在哈佛大学文学系攻读硕士学位，1922年转赴德国入莱比锡大学，专攻语言学。1923年获博士学位后回国，在北京大学、北京女子师范大学分别担任教务长和英文系主任。1927年11月起在蔡元培主持的中央研究院

林语堂

任职。他提倡"以自我为中心，以闲适为格调"的小品文，推动了小品文的创作，成为论语派主要代表人物。

赛珍珠

1933年5月的一个晚上，美国女作家赛珍珠（Pearl S. Buck）到林语堂家做客。当赛珍珠谈起不满于外国作家的中国题材作品时，林语堂说："我倒很想写一本中国的书，说一说我对我国的实感。"赛珍珠说："我盼望已久，希望有个中国人写一本关于中国的书。"在赛珍珠的鼓励下，林语堂用了10个月时间写出了《吾国与吾民》。

《吾国与吾民》这部著作经赛珍珠推荐，于1935年在美国出版。林语堂用坦率幽默的笔调、睿智通达的语言娓娓道出了中国人的道德、精神状态与向往，以及中国的社会、文艺与生活情趣。在这本书中，他发挥自己"两脚踏东西文化"的优势，常用中西比较的眼光看问题。林语堂在自序中声称："本书不是为中国'伟大的爱国者'和西方的'爱国者'而作，只是为那些'没有失去自己最高人类价值'的人而写。"

《吾国与吾民》全书共分10章，分别为《中国人民》《中国人之德性》《中国人的心灵》《人生之理想》《妇女生活》《社会生活和政治生活》《文学生活》《艺术家生活》《生活的艺术》《中日战争之我见》。林语堂以一种整体式的笔触向人们展示了一位文化学者眼中的中国，其方方面面的精细描写让人重新认识一个伟大的国家。

林语堂在《吾国与吾民》一书中追溯了中华民族曾经的辉煌，他看到这是一个一度雄视世界的强大国家，并为全世界做出了巨大的贡献。在艺术文化和生活领域，过去的中国是遥遥领先的，令许多国家不能望其项背。然而在国内战争和帝国主义的侵略中，这个曾经充满活力与斗志的民族却显得异常的漠然。整个国家的漠然引发了作者的思考，力求探究中国的前途，寻找中国"成功地生存下去"的条件。

在该书的《中国人之德性》一章中，林语堂从民主性的角度粗略地勾勒了中华民族的特点，这些特点既包括好的品质也包括一些很糟糕的东西。依照林语堂的看法，中国人公认的"遇事忍耐""退一步海阔天空"的思想就很要不得，在中国人中，这种品质被过分发展了，从而演变成为一种"恶习"，对暴政的屈服和逆来顺受的普遍心理，将中国引入了一个更为痛苦和艰难的境地。"遇事忍耐"之所以会成为中华民族的一个主导思想，很大程度上来自于传统的家族制度，在当时"遇事忍耐"被曲解为"识大体""顾大局"的代名词，从而扼杀了个人应有的地位和价值。

在《中国人的心灵》一章中，林语堂将"智力"摆在了首位，因为尊重脑力劳动者是中华文明的显著特点。林语堂对中国人的"智慧"表示了自己的担忧，因为在中国并不缺乏智慧，相反，过多的例如"超脱老狡""避世洁身"这样的"智慧"，成为中华民族的隐患。林语堂认为"女性化"在中国人心灵中是具有普遍意义的，正因为如此，中国人的心灵又是"缺乏科学"的，而且习惯用情理作为思考和判断的准则，是与严密的逻辑推演相对抗的，但却比后者更加尊重人性、更符合现实。

《吾国与吾民》在美国出版后，引起很大反响。英国学者雷蒙·道森（Raymond Dawson）指出："林语堂的观点在构成现代西方人对中国的观念上起了重要作用。"[①]赛珍

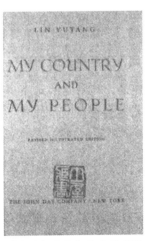

《吾国与吾民》英文版书影

---

① [英]雷蒙·道森著，常绍民、明毅译：《中国变色龙——对于欧洲中国文明观的分析》，中华书局2006年版，第268页。

珠在这本书的序言中说：它实事求是，不为真实而羞愧。它写得美妙，既严肃又欢快，对古今中国都能给予正确的理解和评价。我认为这是迄今为止最真实、最深刻、最完备、最重要的一部关于中国的著作。

《纽约时报》星期日书评副刊发表克尼迪（Kennedy）的评论文章说："读林先生的书使人得到很大的启发。我非常感激他，因为他的书使我大开眼界。只有一个中国人才能这样坦诚、信实而又毫不偏颇地论述他的同胞。"美国《星期六文学评论周刊》也请著名评论家伯发（Nathaniel Peffer）撰写书评。他认为："林先生具有在欧洲、美国等地生活的丰富经历，这使他能够以慧眼全方位评论西方的文化习俗。他对西方文化有着丰富的认识和了解。他的笔锋温和幽默。该书是以英文写作、以中国为题材的最佳力作。"

扑面而来的盛誉，使《吾国与吾民》在欧美作家的领地上，一举荣登畅销书排行榜，仅1935年发行后短短4个月内就创造了印刷七版的奇迹。它在世界各地供不应求，伦敦的威廉·海涅曼公司在1939年又出版了该书修订本，增加了《中日战争之我见》一章。该书后来成为林语堂在西方文坛上的成名作与代表作。

《吾国与吾民》是林语堂在西方文坛上推介中国的开始，也是中国人真正向西方世界宣传中国文化的开端。

《吾国与吾民》出版后，1936年，夏威夷大学邀请林语堂去执教，赛珍珠也一再邀请他到美国去写作。于是，林语堂在经过一番准备后举家赴美，开始了他在西方文坛上的写作生涯。

1937年，林语堂在美国出版了《生活的艺术》。这是林语堂旅美专事创作后的第一部书，也是继《吾国与吾民》之后再获成功的又一英文作品。

1938年，林语堂应兰登书屋约请，翻译了《孔子的智慧》一书。据说，兰登书屋曾出版《世界哲学丛书》20册，其中一册为《孔子哲学》，颇为畅销，压倒了康德、达尔文、斯宾塞等西洋十九家。兰登书屋准备出版《现代丛书》时，认为不可以没有孔子的书，于是邀请林语堂翻译《孔子的智慧》。林语堂不是以"学而时习之"开始逐字逐句翻译，而是将《论语》分门别类进行编排，如孔子的感情生活，孔子的谈话风格，孔子论君子和小人，孔子论政治、教育等。《孔子的智慧》一书，对孔子思想价值取向、系统和特点以及孔子的品格等作了较为切实的评论，较为完整地表达了林语堂的孔子观，也较为系统地向西方介绍了儒家学说。

林语堂不仅撰写和翻译了一系列在西方引起广泛影响的著作，还经常在报刊上发表文章，介绍中国的抗日战争，为抗战做宣传，同时与各界人士有广泛的接触和交流。他的这些努力，在西方社会都产生了广泛影响。

我国学者乐黛云说："在中国没有一个人能够像林语堂这样把中国文化这么有效地推向西方。"在一些评论家看来，林语堂是文化界的龙凤，他的一生融会了东西方的智慧、风度和气质，足比古代的仁者。

■ 新儒学思潮风起云涌

近代以来，"中学"与"西学"，或者说"旧学"与"新学"的关系问题成了哲学上的中心问题。20世纪20年代，中国发生了轰轰烈烈的新文化运动。新文化运动是一次彻底的不妥协的反封建主义的思想解放运动，它的影响是深远的，是中国近代思想史上的"文艺复兴"。但新文化运动的倡导者对中国传统文化基本采取简单化的全盘否定态度，新文化运动启蒙先贤们把全面移植西方文化视为革新中国的唯一出路。

为了回应近代中国内忧外患下累积的问题，也是深受新文化运动启蒙者鼓倡的反传统思潮的刺激，一些知识者以赓续民族历史文化命脉的使命意识，从文化保守主义的学理立场进行思考、探寻和努力，由此而有了现代"新儒学"的出现。

20世纪50年代起，唐君毅、牟宗三、徐复观等第二代新儒家将港台地区发展成新儒学的重要阵地，他们在那讲学、任教、创办杂志、出版著作。1958年初，唐君毅、牟宗三、徐复观与张君劢4人在台湾《民主评论》上发表《为中国文化敬告世界人士宣言》，这意味着现代新儒家学术团体的形成。该宣言尝试与西方学者沟通，指出西方汉学传统难以理解到中华文化的生命精神，而中华文化的生命精神在于"心性之学"。心性之学对中华文化的发展有利有弊，利者在于心性之学让人得以挺立道德主体性，领会到天道性命相贯通的纵向一体之义，是中华文化所以悠久不息之源；弊者则在于横向建设不足，未能充分发展出如西方一般的科学成就和民主政治，需要向西方学习。该宣言彰显出宋明理学以来的新儒学传统，并且开启了儒学的现代性转化之路。

在新儒家这个学术群体中，有一些人有早年在美国留学的经历，如冯友兰等，或曾到美国进行学术活动，如张君劢、贺麟等。他们的一些后继者如陈荣捷、杜维明、成中英、余英时、刘述先等人，则在美国开辟了儒学研究的新天地。他们不仅将前一代学者如梁漱溟、冯友兰、熊十力、方东美、唐君毅、牟宗三等人的著作和研究成果传播到美国，而且自身也出版了许多学术专著，并且与国际学术界有着广泛的交流。他们通过自己的研究成果以及学术活动，使美国儒学研究水平大大提高，使新儒学的理论和思想得到广泛传播。

陈荣捷被人誉为"北美大陆的儒家拓荒者"。陈荣捷早年毕业于岭南大学，后赴美留学，1929年获哈佛大学博士学位。1951年起，陈荣捷任夏威夷大学《东西方哲学》编辑、《中国哲学研究》顾问。1980年他被选为美国亚洲研究与比较哲学学会会长。其著作主要有《朱学论集》《中国和西方对仁的解说》《西方对儒学的研究》《现代中国的宗教趋势》。

陈荣捷对儒学有相当的研究，尤长于宋明理学的研究，是朱熹哲学研究方面的国际性权威。他认为，孔子"从总的方面铸造了中国文化"，在"特殊方面铸造了中国哲学"，为中国后来哲学的发展规定了方向并建立了模式。他指出，孔子所规定的中国哲学的显著特征就是人文主义，孔子把人文主义变成中国哲学中最强大的动力，不仅确立了"正名""中庸""道""天"的基本概念，更特别发展了"仁"的学说，使"仁"的概念成为中国哲学的中心问题。陈荣捷对朱熹也有十分深入的研究，认为朱熹对中国思想发生的影响与孔子几乎相等。

陈荣捷在把儒家思想学说传播到西方世界方面作出了较大的贡献，是20世纪后半期欧美学术界公认的中国哲学权威，英文世界中国哲学研究的领袖，也是国际汉学界新儒学与朱熹研究的泰斗。

在儒学精神的现代显扬上，新儒学学者杜维明做了大量颇具开拓性的工作。这集中体现在他的《人性与自我修养》《儒学思想：以创造转化为自我认同》《中庸：论儒

学的宗教性 》一系列著作中。

杜维明1961年毕业于台湾东海大学，后获得哈佛—燕京奖学金赴美留学，在哈佛大学相继取得硕士、博士学位，先后任教于普林斯顿大学、柏克莱加州大学，1981年始任哈佛大学中国历史和哲学教授。1988年获选美国人文社会科学院院士。 作为现代新儒家学派的新生代学人，杜维明把自己看作一个五四精神的继承者，将儒家文化置于世界思潮的背景中进行研究，关切如何使传统文化与中国的现代化问题接轨。他勾画了当代新儒学理论的基本构架，在东亚和西方世界产生了相当的影响。

杜维明早年以研究宋明儒学思想而成名。进入20世纪80年代以后，他讲得最多的是儒家思想所具备的现代意义和儒学发展的前景问题。他提出要从三个层次上回应西方文化的挑战。第一是超越的层次，主要是指基督教传统。儒家对于基督教所提出的问题，尤其是对于他们对超越的理解和身心性命之学应有创造性的回应。第二是社会政治的层次，这一层次有多方面的挑战，主要是马克思主义。他非常希望儒学和马克思主义进行深入的对话，并在其中找到结合点。第三是所谓的"深度心理学"层次，如弗洛伊德的学说，特别是关于人性阴暗面的理论。他深知儒家对人性阴暗面的理解比较肤浅，因此期望在人性论上能回应深度心理学的挑战。杜维明认为儒学必须面对美国文化、欧洲文化、东亚文化（即工业东亚）的挑战，把它真正的内涵在一个多元的文化背景中展示出来，并在这些文化中播种生根，然后才能以康庄的姿态回到中国，健康地发展。杜维明认为，儒学文明至今仍具有作为全球轴心文明重要组成部分的精神力量，具有现代价值。

另一位为中国哲学走向世界做出巨大贡献的学者是成中英。成中英毕业于台湾大学外文系，1963年获得哈佛大学哲学博士学位，后在台湾大学哲学系任教，1983年起，执教于美国夏威夷大学哲学系，是国际中国哲学学会、国际易经学会、中国哲学高级研究中心、远东高级研究学院等国际性学术组织的创立者和主席。他的著作有《合外内之道——儒家哲学论》《本体与诠释》《从中西互释中挺立：中国哲学与中国文化的新定位》等。

成中英从20世纪80年代初开始提出本体诠释学的构想，从语言、概念、观念和本体上沟通中西哲学，对中国哲学进行"解构"，以达到"重建"和"创新"，使之现代化，并走向世界。他说自己的研究，一方面阐述了儒家哲学与现代性的关系，也陈述了儒家哲学亟须开拓的价值与眼光；更重要的是，发掘儒家哲学内在的义理结构与人性指挥，力求其整体的圆融一致。他认为，在补足西方文化的价值缺陷、促进中华文化与社会的进步发展，以及开拓世界人类的价值前途这三大课题上，儒家哲学都可以作出非常重大的贡献。

　　成中英用西方哲学的方法对儒学进行研究，认为孔子以"仁"为中心，深切关注整个人类的福祉，孜孜不倦地探求自己内在和外在的生命意义与真理，给现代人提供了一种发展人的心灵与精神之具体范例。成中英对宋明理学也有一定的研究，他综合孔子、二程、朱熹的哲学，认为儒家思想的基本命题是理知即良知，良知即理知，知识与道德二者互为基础，这是中国哲学独有的智慧，这一智慧可以解救西方理性主义在现代社会中所遇到的困境，从而使人类文明沿着正确方向健康发展。新儒家第三代代表人物之一刘述先亦认为，儒家的生命哲学与生命情调是一种真正的开敞的生命观，从长远的眼光来看，将在中华文化的发展征程上成为一个重要的支柱，甚至在世界的哲学里也是如此。

　　综上所述，在美国的新儒学家学贯中西，他们积极地吸收现代西方哲学的成果和方法，致力于东西方哲学的交流和对话。一方面，在现代世界文化的新条件下给予儒家思想新的解释，丰富和发展了儒家思想的内容，为儒家思想注入了新的生命力，为中国传统思想文化的现代化，为中国的现代化建设开掘传统的思想资源，做出了很大的努力。另一方面，他们也试图通过对中国传统儒家思想的开掘创新，寻求解救西方现代化以后遇到的人文价值的危机。在这些方面，他们的努力是值得赞许的。

不断被发现的孔子

儒学和儒学研究应从中国的专利权中解脱出来，从它的哲学和它的语言中解放出来，以便在世界上独立与自由。孔夫子不再是中国的孔夫子，因为他太伟大了，以至于不能为一个国家或种族所垄断。

——Th.H.康

■ 西方对东方智慧的新兴趣

最近几十年，由于新技术革命和工业化发展，也由于东亚地区特别是中国经济的稳定和高速发展，不少西方学者再次把目光转向东方，试图从中国古代文明中汲取适用于当代和未来的文化价值，有学者甚至认为自近代世界体系产生后一直占据支配地位的西方中心地位行将终结，代之而起的则是东方文明的兴盛。他们寄希望于东方文化、中华文化，从东方的复兴中看到人类未来的前景。美国未来学家奈斯比特（John Naisbitt）在《亚洲大趋势》中说："今天，我们不得不面对这样一个现实：东方的崛起。不仅东方人，甚至一些西方人都明显地观察到，这个世界正朝东方化的方向发展。在全世界范围内，西方依然重要，但绝无力量控制、垄断全世界。全球的发展重心已经从西方转移到了东方。"①

关于这样的论断，我们在其他地方也可能读到或听到很

---

① [美]约翰·奈斯比特著，蔚文译：《亚洲大趋势》，外文出版社、经济日报出版社、上海远东出版社1996年版，第246页。

美国世界孔子学会印孔子像

1989年美国《新闻周刊》封面的孔子像

多了。这些论述的立论和出发点可能有所差别，但都着眼于东方文化、中华文化所蕴含的人文精神，试图以东方文化的人文精神来拯救被技术精神破坏了的世界文化生态。对于这些"新东方主义"的观点，我们可以持一种谨慎的态度。但与此同时我们也从中获得了某些文化信息，也从这"他者的眼光"中获得关于中华文化的新的价值判断。

无论如何，经过近代以来激烈的文化冲突和历史性的蜕变，中华文化正日益焕发着新的生机，展现出新的生命力和发展前景。那么，在未来的世界文化舞台上，中华文化必将占有重要的位置，发挥重要的作用。当然，这种重要性，在性质上和功能上，都与古代中华文化在当时世界上的重要性不同了。21世纪世界文化的格局、态势和走向，都决定着要为其中的任何一种民族文化重新定位，都要求各民族文化在融进世界文化大趋势的前提下发挥各自的特殊性，展现其丰富性。

在这样的背景下，西方学术界对古代东方思想表现出浓厚的兴趣，对中国古代的老庄哲学、《易经》、禅宗佛教乃至《孙子兵法》，都进行了广泛深入的研究。尤其是对孔子的儒家思想，更是投入了极大的兴趣和精力。在这些研究中，或者从东方神秘主义中寻求与现代科学的契合之处，或者在探求摆脱现代西方文化危机出路中借助于东方智慧，或者把它们应用于现代的经济生活和政治生活。

不论是哪种情况，这些中国古代的思想文化遗产都在现代西方人的思维框架中获得新的考察、新的理解、新的解释和新的接受。在现代人的"解读"中，这些古代的思想遗产获得了新的价值和意义。

在中华文化向海外传播的过程中，儒家学说对东西方许多国家的文明进步和历史发展产生过不同程度的影响。在东亚各国中，传播和奉行儒家学说是参与中华文化圈的主要标志之一。在中华文化圈之外，儒家学说也流传广泛，泽被四方，受到很高的推崇和赞誉。在18世纪欧洲的启蒙运动中，儒家的一些思想很受重视，并在知识界引起强烈的反响，孔子在那里也有"孔圣人"之称。到了20世纪，许多国家的知识界加强了对孔子儒学的学理性研究，发表了大量的研究成果，孔子作为人类历史上一位有独创性的思想家仍然受到广泛的尊重。特别是20世纪60年代以后，日本和"亚洲四小龙"经济迅速发展，现代化程度与日俱增，号称"东亚奇迹"。

一些学者在探讨日本和"亚洲四小龙"文化背景的共同性时发现，东亚地区的经济发展与儒家伦理精神或许具有因果关系。因此，海外学术界开始把中国儒家文化传统与现代化的关系问题正式提到国际学术研究的日程。

探讨儒学思想的现代意义，成为人们关注中华文化的一个新热点。

■ 孔子思想与东亚精神

在20世纪上半叶，主导西方对中国思想文化研究趋向的是马克斯·韦伯（Max Weber）的理论。韦伯认为，西方由于它的新教伦理精神才生出近代西方的资本主义；相反，中国的儒家伦理没有西方理性的向外发展的精神，它的理性主义是理性地调适现实世界而不是主宰现实世界，儒家思想中没有自我得救、道德自主、人同宇宙之间的紧张等精神体验和政教对立的意识，人同世界之间的矛盾几乎化解为零，结果使中国人丧失了挣脱传统规范的内在动力。

在韦伯看来，中国缺乏资本主义发展的社会学基础，无法生出资本主义和现代工业文明。韦伯的这一论断长期被西方学者奉为中国社会思想史研究的圭臬。然而，20世纪后半期东亚地区的迅速崛起，使韦伯的这个理论受到了严重的挑战。国际学术界开始重新检讨韦伯的理论，认为儒家伦理未必与工业文明的成长毫不相容。

许多学者在研究中指出，东亚经济增长的动因除了对经济自变量考察，也不应忽视对东亚地区特殊的文化因

日本《世界名人传记》封面的孔子像（左上图）

韩国《作育群英》插页刊载的成奎万题《论语》词句组画孔子行教像（左下图）

中国台湾地区印行的孔子像。新加坡孔孟圣道院藏（右下图）

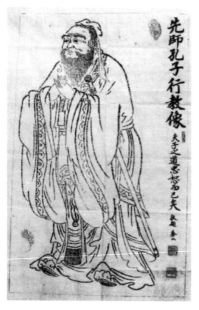

素的考察。东亚经济与东亚文化之间有一种明显的互动关系。东亚文化对东亚经济发展有一种精神动力的巨大支持。东亚的社会、经济、市场、制度，甚至政策，都弥漫和渗透着东亚文化的无孔不入的影响。传统文化已成为东亚人深层的精神构造，自发和无意地或有意而自觉地对经济增长发挥直接或间接的作用。

西方学者中最早注意到造成东亚经济奇迹的文化因素的是美国学者纳森·格拉泽（Nathan Glazer）。1976年，美国布鲁金斯研究所出版了休·帕特里克（Hugh Patrick）和亨利·罗索夫斯基（Henry Rosovsky）主编的940多页的巨著《亚洲新巨人：日本经济是怎样运行的》，该书全面介绍了日本所取得的令人惊异的成就。这部著作中收入的格拉泽的文章论及了日本经济繁荣的文化原因。格拉泽认为，日本的文化传统也是促成经济高涨的一个基本因素。日本重视教育，日本人的家庭观念、社群情感、对群体的责任感和忠诚等传统意识对经济都有促进作用。

现代西方学术界对儒家思想现代意义的探讨，最引人注目的是美国社会学家、经济学家赫尔曼·卡恩（Herman Kahn），他曾长期担任被称为"美国最多产的思想库"的赫德森研究所所长。1979年，卡恩出版了两部很有影响力的著作，一部是与其同事托马斯·佩珀（Thomas Pepper）共同撰写的《日本的挑战》，书中把日本传统中促进经济增长的内容称为"儒家文化"，他认为日本的模式虽然难以移植到西方，却在东亚地区有很大影响；另一部是《世界经济的发展：1979年及以后》。这本书分析了世界各国经济发展的几种类型以及它们的经验和问题，其中详细总结了日本和"亚洲四小龙"的共同特点，分别考察了它们各自实行的经济发展战略和政策，以及它们现代化的实际过程。卡恩认为日本和"亚洲四小龙"创造了不同于欧美、苏联的现代化新模式、新道路，具有典型性和普遍意义。

　　东亚的成就主要原因在于"有利于发展的文化因素、对经济的卓越管理、对于增长有利的国际环境和技术条件、外援，以及简单地说辛勤的工作和奉献"①。而在所有这些因素中，卡恩认为文化上的有利条件是取得成功的主要原因，其他因素或是作用有限，或是由文化因素决定的。东亚经济发展是由相同的文化因素促成的，这就是共同的文化传统，卡恩称之为"新儒家文化"，并把日本和"亚洲四小龙"称为"新儒家国家"或"新儒家社会"。在卡恩看来，一个受过严格训练的儒家文化的信奉者，不但应该是勤奋的、具有责任感的和学有专长的人，而且助人为乐，他们很少强调追求个人私利，在某些情况下，从

---

① [美]卡恩：《世界经济的发展：1979年及以后》，引自施忠连：《现代新儒学在美国》，辽宁大学出版社1994年版，第16页。

事富有成效的共同组织活动的能力在现代世界中甚至比个人品质更重要。卡恩指出，令人信服的材料证明，新儒家文化在推动现代化和经济增长方面显示出强大的活力。他认为，中国、日本、韩国、新加坡，以及马来西亚、泰国、印尼、菲律宾的华裔的卓著成绩，揭示出新儒家文化在推动经济发展和学习、利用现代技术方面具有杰出的潜能。当然，不同的新儒家文化之间也存在着很大的差异，每一个新儒家国家都信守各自理解的儒家学说。但是，根据卡恩的观点，在今天的条件下，一切具有儒家文化传统的社会都能很好地适应现代化的进程。①

　　卡恩的理论受到国际学术界的高度重视，讨论"儒家伦理与工业东亚的现代化"成为海外中国文化研究的热门课题，有许多学者和研究机构都投入很大的热情和精力。1980年，前英国国会议员、政治学家，后任美国哈佛大学教授的罗德里克·麦克法夸尔（Roderick MacFarquhar）发表了《后儒家的挑战》一文，指出自工业革命开始以来的200年中，东亚的儒家继承者更加根本地从经济、政治和军事上向欧美文化提出了唯一真正的挑战。麦克法夸尔进而提出了"后儒家假设"。所谓"后儒家"，是指同时具有明显的工业主义和儒家特征的社会。

---

① 参见陆象淦：《走向二十二世纪——卡恩的大过渡理论》，辽宁人民出版社1986年版，第283—294页。

他认为，东西地区的政治形式各不相同，但是它们却有一个共同点，即拥有相同的文化遗产——儒家传统，这具有特别重大的意义。在他看来，儒家传统对于东亚经济起飞的作用就像新教与资本主义在西方兴起的关系一样，在20世纪后期的"后儒家时代"，儒家的价值已成为东亚各国人民的"内在准矩"。麦克法夸尔认为，如果西方的个人主义适合于工业化的初期发展，儒家的群体主义或许更适合于大量工业化的时代。

美国社会学家彼得·伯格（Peter Berger）在1983年提出了"两型现代化"的理论。他认为，在今天的世界上已经出现了两种类型的现代化，除了西方的现代化之外，东亚社会也已经发展出新的、具有特殊性格的现代化。现在，东亚地区对于研究现代化的经验、探索现代化与传统关系的人特别有吸引力。他赞同卡恩和麦克法夸尔的观点，认为儒家传统对东亚经济的飞速发展做出了贡献。但他更重视在经济层面上探讨儒家价值在一般大众日常生活中的影响，认为促进东亚经济起飞的儒家传统，并不是作为国家意识形态的儒学，而是"庸俗的儒家精神"，即一套指导市井小民思想、行动的信仰与价值，是属于百姓日用而不知的俗世儒家传统。据伯格的分析，所谓"庸俗的儒家精神"主要包括：重视上下之别，对稳定家庭生活的强烈关切，对家庭的献身，整套的个人纪律、节俭、美德的规范，对人世间的积极态度，自求多福等。伯格认为，和西方的新教伦理一样，庸俗的儒家精神渗透到东亚地区普通人的灵魂，表现于他们的日常生活之中，特别是经济生活之中，并且也培养了普通人的纪律、节俭和自我牺牲的伦理精神。不仅如此，东方的精神传统还具有自己独有的特点，它们给东亚的经济发展以强大的推动力，使东亚现代化形成不同于西方的模式。伯格更进一步推论，东亚成功地实践了资本主义现代化的非个人主义形式，这些国家可以被称为现代资本主义的"第二例"。这些学者都程度不同地把文化因素看做是推动东亚国家政治变革、经济变迁的重要动力。

美国环太平洋研究所所长弗兰克·吉布尼（Frank Gibney）在研究儒家文化与东亚现代化关系中，提出了"儒家资本主义"说。吉布尼认为，日本取得经济成功的真正原因，是将古老的儒家伦理与战后由美国引入的现代经济民主主义两者糅合在一起，并加以巧妙运用；日本是东西合璧的"儒家资本主义"；以人为中心的"人力资本思想"，"和谐高于一切"的人际关系，"高产乃是为善"的劳动道德观，是日本经济发展不容忽视的因素。法国学者L.威德梅修（Leon.Vandermeersch）在1986年出版的《亚细亚文化圈时代》一书提出了"汉字文化圈"和"儒教文艺复兴"说。他指出，"汉字文化圈"各国并未丧失其固有精神，正是这种固有精神为取得前所未有的经济成长的东亚各国，提供了一种独创的、富于活力的原动力。这种固有精神主要是指基于儒教传统的彻底的和平主义，以"仁"为原理的共同体主义等。他提出的"儒教文艺复兴说"主张区分作为意识形态的"儒教"和儒家思想的根本精神。他说："我认为儒教作为旧社会的原理已灭亡而不会复活了。但是，其精神仍生存。儒教的精神被保存于灵堂中。所谓灵堂就是具有形象手段意义的'汉字体系'。正因为儒教决定性地灭亡了，所以才会在与现代化并不矛盾的新思维方式中再生。这正如同在西欧，基督教现已衰落，但福音主义精神仍存一样。"①

---

① 王家骅：《儒家思想与日本文化》，浙江人民出版社1990年版，第412页。

■ 乘势而起，欧美学界对儒学的新关注

在西方学术界，儒家伦理与东亚现代化的讨论，以及中国与西方接触和交流的加深，进一步刺激了欧美学者对儒家思想乃至传统中国哲学的新的兴趣。现代欧美学者在许多层面深化了对孔子及其儒学思想的研究，在东西方文化的对话中探讨儒家思想的现代价值和普遍意义。

欧美国家的汉学研究有着比较悠久的传统，到了第二次世界大战以后，汉学研究和中国哲学研究出现了极为活跃的态势，在对孔子思想的研究、对中国古代经学的研究、对宋明理学的研究，特别是对东西方哲学比较研究以及儒学与现代化关系的研究等方面，都不时有新著问世，而且经常有新的思考，提出新的见解，不断把对中国哲学的研究引向深入。

在美国，有不少学术组织、团体、大学、研究中心发起讨论中国文化与思想的学术会议，或举办讲座、讲习会、专题讨论会等。一批对中国儒家哲学思想体系颇有研究的专家学者活跃在舞台上。比较著名的有狄百瑞（Wm.

Theodore de Bary)、墨子刻(Thomas A. Metzger)、郝大维(David L.Hall)、安乐哲(Roger T.Ames)、史华慈(Benjamin Schwartz)、蒙罗(Donald Jacques Munro)、柯雄文(Antonio S. Cua)、艾尔曼(Elman)等人。他们已不再局限于对儒学进行一般性的了解和介绍,而是力图通过对儒家文化千年发展史的分析研究,探讨儒学的本体论和认识论思想。而且,其眼光也不再局限于对儒学的现代性阐述问题上,而是要对传统儒学进行超越性研究以探求儒学的未来发展之路。

许多西方学者认为,中国的传统中存在着一些"持续不衰的见解",应该在今天的情况下加以改造,重新做出解释,以便对走向未来做出贡献。美国的《中国哲学杂志》曾载文指出,中国传统的道德观念中某些见解今天可能仍是有用的,应该对中国的传统价值重新作出评价。19世纪进化论思想开始流行的时候,西方把东方看成是落后的并加以藐视;而在今天,许多西方人转向东方以寻求东方的智慧作为他们的生活指南,现在,西方"正进入一个变幻无常和自我怀疑"的时代,许多西方人已经认识到,只有现代科学技术的发展,还不能解决人类的所有问题,而且甚至可能带来某些灾难性的后果,西方人也已认识到现代西方文化的局限性,因而重新产生了对其他文化的尊重。日本学者高桥进曾指出,欧美许多有识之士都希望复活东方的传统精神文化，特别是作为这种文化最主要源泉的中国传统思想文化，并使之适应于现时代，以解决西方高度发达的工业技术文明所造成的深刻的社会病理现象。

美国学者D.巴里（D.Barry）认为，儒家学说今天已重新成为东亚人的民族精神以及20世纪后半叶东亚人所取得的经济奇迹的重要因素。儒家学说不久以前还被斥责为进步的障碍，现在却被称为是东亚人纪律严明的职业道德的关键所在，是他们接受权威或统治机构作为更有效的经济事业基础的关键所在，也是政治稳定的关键所在。D.巴里认为，我们需要的不是去征服新的世界，不是去搞星球大战，而是一种新的观念，就像儒家所作的那样，它是从自我克服和自我约束开始的，并且提出一些问题：为了我们同代人和后代人的幸福，我们不应该做哪些事，应该放弃哪些选择，接受哪些限制。①

西方世界的"中国通"、美国汉学家费正清在其著名的《美国与中国》中，对包括孔子儒家思想在内的中国传统思想文化有比较深入的论述。他说："只是肤浅地阅读过儒家经籍的西方观察者，早就赞佩其不可知论的重视现世精神，以及在伦理上重视私人关系之间应有正当行为的精神。从儒家思想作为人生哲学这一较广的意义上讲，西

① 参见李吟波：《西方学者对传统中国哲学的探讨》，《国外社会科学》1987年第6期。

方学者一般认为它主张忍耐、和平以及妥协等美德；主张中庸之道；主张守旧和知足；主张尊崇祖先、老人和饱学之士；而最主要的是主张一种温和的人本主义——以人而非上帝作为宇宙的中心。"①费正清特别重视儒家的"仁政"理论，强调儒家以德威治国，是政治上的一大发明，是西方任何学说都无法比拟的。

狄百瑞是美国学术界很有影响的汉学家，他在《道学与新学》一书中对宋明儒学给予了新的诠释。他通过对宋明儒学的研究，努力发掘了儒学中的自由主义精神，从而为传统儒学的现代化转化提供了一种内在的根据。他指出，儒学对现代化不仅没有危害，而且是东亚地区现代化的一种文化资源，宋明理学对于日本明治维新的现代化有很大贡献，因为理学强调个人自立自主，不向强权低头，并具有一种活生生的动力，力求以理性改变现状。在他看来，孔子固然可以被称为保守主义者，但同时他也提倡要以过去的理想作为批判现实社会的基础，因此又是自由主义者。不管是对帝制和专断权力的批判，还是对依靠制度和法律改革来消除君主制弊端的设想，抑或其教育思想、博学主张等等，无不彰显着自由主义的精神气象。遗憾的是，理学中的这种自由主义倾向后来逐渐消失了。他主张

① [美]费正清著，张理京译：《美国与中国》（第四版），世界知识出版社2003年版，第53页。

通过对儒家思想中自由主义精神的阐发，开掘出儒家思想的现代价值。

美国学者穆迪（Peter R.Moody Jr）在1988年出版的《后儒家社会的政治对立》中，从政治文化的角度对儒学与民主关系进行了深入探讨。在他看来，20世纪80年代亚洲和拉美地区的民主化运动取得了巨大的成功，而政治学家们又重新燃起了对民主化运动的研究兴趣，这使得对儒学与民主关系进行检视显得尤为必要。他通过对社会结构和制度因素的分析，使儒学甩掉了此前被人强加的民主克星的包袱，强调儒学并不是必然导向专制，其核心观念与现代民主理念也并不相冲突。东亚在历史上之所以长期无法形成民主政治，是因为没有相应的社会力量或制度来约束权力的行使或与国家政权相抗衡。他说，在儒学之中并没有与民主价值或制度相敌对之处。如果实用理性主义是现代社会的主题的话，儒学无疑是反现代的，它是一种理性反实用主义。但尽管儒家社会未能自发地产生出现代化，但一旦现代化被引导产生出来，他们显得比其他类型的传统社会更容易取得巨大成功。这是对儒学推动现代社会发展作用的大胆肯定。

当今世界，有许多西方学者都注意到儒家思想的普遍价值和世界意义。美国学者Th.H.康曾在一篇回顾西方儒学研究的文章中说："儒学和儒学研究应从中国的专利权中

"万世师表"像，美国芝加哥大学藏

解脱出来，从它的哲学和它的语言中解放出来，以便在世界上独立与自由。孔夫子不再是中国的孔夫子，因为他太伟大了，以至于不能为一个国家或种族所垄断。他是世界的孔夫子，在这个世界中不存在种族起源、国籍、性别、肤色和宗教的歧视。这样，儒学研究既不属于中国，也不属于东亚，而是属于世界。"①

美国学者郝大维和安乐哲在《通过孔子而思》中也指出：我们必须相信，通过孔子而思，我们的研究会有利于当下哲学思想核心问题的探讨。更明确地说，我们希望，通过展现孔子思想最具活力的那些层面，我们的工作会推动某种思想过程的形成，该过程不仅仅对于孔子思想来说是真实的，而且，对于重新认识哲学活动本质与功能这两个层面的价值也将会有所贡献。②

对中国儒家文化的关注，

《通过孔子而思》英文版书影

---

① [美]Th. H. 康著，衣俊卿译：《西方儒学研究文献的回顾与展望》，《国外社会科学》1990年第10期。

② [美]郝大维、安乐哲著，何金俐译：《通过孔子而思》，北京大学出版社2005年版，第10页。

已经不仅局限于学术界，西方政界和工商界的一些知名人士也产生了兴趣，发表了他们的看法。美国国际战略问题专家布热津斯基（Zbigniew Brezinski）说："中国先进的文化，包括杰出的儒家哲学，它的报效国家的士大夫阶级的独立传统，以及它先进的商业技巧，的确代表了一股巨大的力量，不会不发挥强有力的建设性影响。"

这些西方学者和政界工商界人士对孔子和儒家思想的关注，一方面是因为中国乃至东亚地区现代化的发展，使他们注意到儒家思想对现代化的积极作用，另一方面也是因为他们积极致力于从东方智慧中寻求解决西方文化发展中所面临的困境。在这样的情况下，对中国儒家思想的研究在西方学术界乘势而起，出现了比较热烈的局面。这也是现代东西方思想文化交流和对话的一种新态势。

读完本章，想要分享阅读感悟？

◀ 微信扫码，获取本书配套服务

后　记

　　本书描述了孔子及其思想走向西方的历程。我们已经看到，这个过程是波澜壮阔的，也是激动人心的。这是一个中华文明与西方文明相遇、交流和互鉴的过程，是两大文明高层次对话的过程。

　　孔子是中华文化精神的塑造者，是中华传统文化的思想核心。从孔子开始，经过历代王朝的推崇和阐释，经过一代一代儒家知识分子的引申和发挥，形成了一个庞大的学术思想体系，成为传统中国社会的主流意识形态。孔子及其儒家思想对中华文明精神世界的建构起到了极为重要的作用。

　　孔子及其儒家思想走向世界，是中华文明向海外传播、走向世界的组成部分，并且是十分重要的组成部分。在历史上，中华民族创造的丰富的文明形态，通过不同的渠道、以不同的形式传播到世界其他地方，为那里的文化和文明的发展提供了丰富的内容。文化的交流是分层次进行的，首先是中国的物产，比如丝绸、茶叶、瓷器，其次是科学技术，比如四大发明。随着交流的深入，交往的扩大，这种交流则深入到精神世界的层面，深入到直接的思想文化的对话，精神世界的对话。孔子及其儒家思想走向西方，与西方的思想世界相遇，就是这种高层次的文明的对话。

对话的本质在于交流，在于互鉴。通过本书各章的论述，我们已经了解，当中国的孔子思想进入西方的视野，曾经引起高度的关注。特别是在欧洲的启蒙运动时期，成为启蒙思想家们援引的思想资源之一，"孔夫子式的中国"成为他们的理想国，成为他们的乌托邦。孔子是他们进行文化批判和反思的一个有意义的"他者"。当然，此时的"孔子"已经不是中国的"孔子"，而是经过他们理解和解释的"孔子"，是"欧洲的孔子"。顾颉刚说："各时代有各时代的孔子，即在一个时代中也有种种不同的孔子。"在很大程度上，"欧洲的孔子"已经脱离了孔子思想的原始意义，脱离了中华文化的语境。这也在一定意义上反映了一个思想史上的事实，即孔子成为世界的孔子，成为世界的精神遗产。

启蒙运动之后，孔子进一步进入到西方哲学视域，作为哲学家分析和研究的对象，比如黑格尔就对孔子和儒家思想有很多论述，这时候，西方对孔子思想的研究已经没有了启蒙思想家的激情，而是成为哲学家案头的冷静思考。有人抱怨黑格尔对孔子评价不高。确实如此，黑格尔是完全站在他的形而上学和逻辑学的角度看待孔子的，此前的启蒙思想家则是站在政治哲学和社会道德的角度研究和阐释孔子。无论如何，对于黑格尔来说，孔子仍是一个巨大的思想存在，不得不必须面对，并与之对话。这样，孔子就进入到文明对话的最高层——哲学的层面。

经过近代以来激烈的文化冲突和历史性的蜕变，现代中国人以其生命智慧和民族精神，继往开来，中华文化正日益焕发着新的生机，展现出新的生命力和发展前景。西方学术界也对古代东方思想表现出浓厚的兴趣，他们在探求摆脱现代西方文化危机出路中借助于东方智慧，古代的思想遗产获得了新的价值和意义。孔子作为人类历史上一位有独创性的思想家仍然受到广泛的尊重。孔子及其儒家思想，不仅超越了地域，走向了世界，而且超越了时代，走进了今天的生活，在今天的世界思想文化中仍然发挥着重要的作用。孔子属于全人类文明，孔子的思想具有超越时空的普遍性价值。

孔子及其思想走向西方，是中华文明对世界文明影响力的一个突出表现，一个重要方面。文明的交流与互鉴是我多年学术研究的主题，本书就是这方面研究的一个成果。以后，我还会在这条路上走下去，从更多的层面去理解和认识文明交流与互鉴这一主题的深刻意义。

武斌

2020年4月3日于沈阳浑河之南望湖书屋

建议配合二维码一起使用本书

入群与书友相互交流
高效阅读

好书推荐　社科资讯　书友交流社群

本书为您提供"入群与书友相互交流，高效阅读"主题服务，您可以通过以下步骤进行学习，事半功倍，高效学习。

1 【专享社群】与同读本书的读者交流阅读感悟，分享好的阅读方法。

2 【必看资讯】及时掌握最新的热点资讯。

此外，读者还可以获取以下权益

微信扫码
获取本书配套服务
▼　▼　▼

★ **好书推荐**
与本书相关的社科文学类好书

★ **线下读书活动**
社科文学类相关线下读书活动